伊藤賀一 監修 林姿呈 譯

超譯 日本經典 圖鑑

U0018886

序言

把日本的「歷史資料」視為一本「歷史書」
──藉以深入了解日本歷史──

現代生於日本的日文母語者，在其人生中與日本歷史的接觸，大概不離以下幾種典型模式。

在托兒所、幼兒園或兒童圖書館借閱童話故事繪本，在小學或公立圖書館接觸到人物傳記，自己在家中翻閱學習用的歷史漫畫書，在學校課堂上學習地方史和日本歷史。

到了國中社會科，會把日本史與一些世界史合併列為「歷史」科目；高中以後，文組學生在選科時，又把日本史或世界史拆開，決定選修其中一科，而理組學生則通常不會接觸歷史。

上大學以後，如果沒有在通識課程中選修歷史，基本上，高中就是學生在校學習日本史的最後機會。

然而，成年後，有些人可能喜歡觀賞舞台劇或電影，使得電視節目的晨間劇場或大河劇總是話題不斷，Netflix 和 Amazon Prime 上的歷史動畫，以及歷史題材的遊戲更是生動有趣。

除了 YouTube，還有許多平台可以觀賞講解日本歷史的影片。此外，在日本，在一些類似 StudySapuri 的教育平台提出申請，也能以實惠的價格聽取專業講師的講座。

還有些人等小孩長大或工作穩定後，也可能心血來潮，報名民營文教推廣教室，和一群熱衷於充實自我的銀髮世代一起重新學習……總而言之，**日本歷史與我們的生活始終密不可分**。

日本史這門學科，是由各種**實際的歷史文獻資料**（姑且不論內

容是否屬實）彙整編輯而成，其內容涵蓋歷史書籍、方志、書簡、日記、隨筆、物語 [1]、歌集 [2] 等。我們在閱讀時，自然可以盡情發揮想像力，但我們必須牢記：這些想像，都是源自我們所閱讀的某個具體文獻，這一點非常重要。

我畢業於大學文學院史學系，長久以來的願望，就是出版一本專門講解各種歷史資料的書籍，也就是向大眾介紹廣義上可稱為「歷史書籍」的各種著作。擔任責任編輯的荒上和人與我是故交，我們都畢業於史學系。平時身為大學或高中考試的「考試專家」，我們每天都從考試的角度，專注在課堂、學習參考書和練習題庫的內容上，協助學生和讀者提高分數以便通過考試。我們倆幾經討論後，得出一個結論。

這次，我們希望從考試或考題的考量中抽離，純粹從一個「**深入研讀日本史**」的角度，嚴選各領域的歷史資料，佐以饒富趣味的講解，彙集成書。我們認為這樣的書應該會很有趣，而且說不定有這方面的需求。再者，對考生來說，這類讀物既有參考價值，還能調劑身心。況且這幾年偏愛用長篇文章來出歷史文獻的考題，所以閱讀本書，絕非徒勞無益。此外，大學生或社會人士在參加公務員、日本外語導遊或歷史檢定考等資格考試時，透過書中介紹，更能掌握日本歷史的根源，不用再刻意死讀硬背……

本書便是在以上種種貪念之下，油然而生的產物。說實話，我個人非常享受這段創作過程。若能因此幫助更多讀者對日本歷史有更深一層的了解，將是我最大的榮幸。

StudySapuri 講師

伊藤賀一 敬上

---

1 物語是一種日本文學體裁，具有散文性質，後引申為故事、傳記、傳奇等意思。
2 和歌集本。和歌為日本傳統韻文，包括長歌、短歌等體裁。

本書閱讀方式

每篇的標題，會先列出「歷史典籍」的書名和讀音。

接著介紹該歷史書的相關基本資料，包括「作者」、「完成年代」、「篇幅」與「所屬領域」，內容一目暸然。每個圖標所代表的涵義如下：

作 → 作者／編纂人物

年 → 完成年分（西元／日本年號）

數 → 卷數

分 → 分類（領域）

※ 以上各項資訊，皆存在記錄不詳的著作。
※ 如果具體內容不可考，會以「不詳」表示；已獲得普遍共識，但無實證支持的部分，則會加上一個「問號」作為標記。

了解每本書的基本資料後，接下來就是進一步深入該書的實際內容，因此每篇都分成以下 4 個主要部分進行解說。

概要 → 講解時空與作者等相關背景。

背景 → 作者編輯該書的原因。

關注 → 值得注意的內容。

影響 → 該書對社會的影響與重要性。

此外，字體加粗且畫線強調的部分（＿＿＿），是希望能加強各位印象，甚至熟記的內容。

每篇都附有插圖，有的對應書中描述的某個場面，有的則如實描繪該書精華。單靠文字難以掌握的內容，透過圖繪的呈現，有助於我們整理思緒。

最後是「伊藤老師短評」。在個人超過 30 年以上的教學經驗中，我不只教日本史，也教其他社會學科；而且我走遍了全日本 47 都道府縣，也做過超過 20 種以上的工作。我把這些獨特經驗，整理成一個小小的後記專欄，希望各位能從中稍微喘口氣，再進入下一個單元。

歷史存在許多未被闡明的謎團。即使是教科書中常見的著名歷史典籍，有些實際上作者不可考。

此外，在此不可能列出每本歷史書籍的所有相關資料，畢竟書中所探討的每本典籍，都有實力自行衍生出另一本「超譯本」。簡言之，本書是這些重要史書的重點摘要。

本書共分 3 章，以下是各章的內容大綱。

「Chapter 1」從《古事記》和《日本書紀》的介紹開始。這兩本重磅古籍，合稱為「記紀」，對日本後世的歷史觀有著深遠影響，也與本書中的其他歷史書籍密切相關。

接著是和歌集與物語，兩者深刻描繪平安時代的特色，讓後世得以從中窺探當時的貴族社會。

「Chapter 2」涵蓋鎌倉時代到室町時代（1192 年到 1573 年）的著作。在這段期間，政權由貴族轉移到武士，因此第 1 章中從未出現的武士鬥爭成為眾多作品的主題。

此外，佛教的重要典籍，也大多出自這個時期。

「Chapter 3」主要介紹持續動盪的室町時代末期，直到動亂結束這段期間的經典著作。隨著江戶幕府成立，日本迎來太平盛世，許多出身市井的有識之士相繼著述各種學術書籍。

　　江戶時代後期，幕府解除鎖國，外國人開始造訪日本，於是慢慢出現介紹日本的相關著作，讓海外國家有機會認識大和民族。

　　本書的出發點不是為了幫助各位在考試中「提高分數」，而是希望各位能「進一步了解日本歷史」。

　　基於這個理念，本書在編排上別出心裁，皆有其用意所在。但求各位可以輕鬆閱讀，在純粹享受閱讀的過程中，獲得巨大的收穫。

　　來吧！跟著我一頁頁探索下去！

超譯日本經典圖鑑
C O N T E N T S

Chapter 1

從奈良時代到平安時代

從鎌倉時代到室町時代

從安土桃山時代到明治時代

從奈良時代
到平安時代

古事記

こじき

完成於8世紀
最古老的日本國史

作 太安萬侶	年 和銅 5 年（712 年）
數 3 卷	分 歷史書籍

背景 根據記憶編修而成的最古老國史

西元 645 年，日本正值飛鳥時代。當時掌握朝廷權勢的蘇我入鹿，被中大兄皇子（後來的天智天皇）及中臣鎌足（後來的藤原鎌足）等人謀殺後，入鹿之父蝦夷於府中焚火自盡。這一連串的事件，史稱「乙巳之變」。據傳，《天皇記》等眾多史書，也在此次事變中一併燒毀。

天智天皇之弟天武天皇下令編撰國史，替代佚失的《天皇記》及殘缺不全的《國記》，命記憶力超群的**稗田阿禮**背誦各地流傳的《帝紀[1]》和《舊辭[2]》等歷史古籍。

在那之後過了大約 40 年，**元明天皇**下令，命**太安萬侶**根據稗田阿禮的記憶，於和銅 5 年（712 年）完成**《古事記》**的編修。此後，由於《帝紀》與《舊辭》盡數失傳，因此內容涵蓋神話時代至 7 世紀推古天皇時代歷史的《古事記》，被認為是日本現存最**古老的歷史書籍**。

---

1 歷代天皇與皇室族譜。
2 日本口傳神話與傳說。

　　《古事記》完成後，獻給元明天皇，但原稿已佚失，僅留下數本傳抄本流傳後世。

概要 上至神話時代，下至推古天皇的歷史記載

　　《古事記》由上、中、下共 3 卷構成。上卷以序文為開端，記述《古事記》形成的背景，接著描述「開天闢地」（盤古開天地）的創世神話，記載伊邪那岐命與伊邪那美命兩尊男女神明，如何攜手創建日本列島，共結連理，誕下天照大御神與須佐之男命等眾多神明，以及天照大御神之孫邇邇藝命[4]，從眾神仙居高天原降臨人世的「天孫降臨」等事蹟。

　　除此以外，上卷還包括其他著名的日本神話，如天照大御神躲藏在石洞中的「天岩戶」、須佐之男命擊退八岐大蛇，以及「因幡

3　八上公主。
4　即《日本書紀》中的瓊瓊杵尊。

白兔[5]」等故事。

中卷以第 1 代天皇神武天皇從九州地區東征，在大和（今奈良縣）興建朝廷為開端，記載第 2 代天皇綏靖天皇至第 15 代應神天皇等早期天皇與皇室成員的族譜與事蹟。中卷亦收錄倭建命（日本武尊、神話人物，傳說他力大無窮，協助倭王開疆擴土）討伐熊襲[6]、神功皇后遠征新羅等功績。可說是由一半神話、一半歷史事件所構成。

下卷基本上算是一部史書，記錄第 16 代仁德天皇至第 33 代推古天皇的族譜與事蹟。第 24 代仁賢天皇之後的記述較為簡明扼要，後世推測，這是因為與《古事記》編纂時間相近，當時認為無須詳細記述所致。

關注 使用「變體漢文」的文體

據稱，《古事記》的編纂是為了向人民展示皇族繼承天照大御神血脈，身為神族子孫的正統性。由於當時尚無記述用的平假名和片假名等日語文字，因此採用「變體漢文」，以漢語漢字標示日文發音來進行書寫。

《古事記》在記述上並非只是平鋪直述，記載枯燥乏味的歷史事件，而是充滿趣味橫生的故事性。如果翻譯成白話文，相信現代人也能體會古典韻味之所在。

此外，《古事記》穿插了許多詩歌，是其另一個特色亮點，全 3 卷總計收錄 112 首和歌。

影響 完成後，長期被世人埋沒

貴為日本最古老的史書，《古事記》在完成後，並未獲得後世

5　白兔用計欺騙鯊魚，從淤岐島跨海橫渡到因幡國（今鳥取縣）。上岸前自爆耍計，慘遭鯊魚報復扒皮，幾經波折，獲得大國主命相救。白兔為了報恩，幫恩人與眾神愛慕的八上比賣牽線，成就美好姻緣。

6　分布在九州南部的野蠻民族。

的青睞。部分看法認為，這是因為《古事記》並非正史，而是為了滿足皇后的雅興和皇子教育所編修。

《古事記》未能廣為流傳，因此長期以來，幾乎不見任何相關的研究討論，僅在鎌倉時代出現過一本名為《古事記裏書》的簡單注釋書籍。然而，到了江戶時代中期（約 1650 年到 1750 年），研究日本古代傳統的國學逐漸興盛，《古事記》也開始受到眾人矚目。

接著，江戶時代後期，國學家**本居宣長**將《古事記》視為最重要的古代典籍之一，著手進行《古事記》的注釋與考證，耗時 30多年，完成 44 卷的注釋書**《古事記傳》**。從此，《古事記》逐漸廣為人知。

然而，隨著知名度大增，開始有人質疑《古事記》或許是後世編寫的偽書。因為各大官方史料中從未出現《古事記》的相關記載，也無從考證稗田阿禮這號人物是否真實存在。在偽書論中，有一派認為只有序文為後世經手，另一派則主張原文寫於平安時代或鎌倉時代。在此必須聲明，當今歷史學界的主流意見，並未將《古事記》歸類在偽書範疇之內。

伊藤老師短評

總結來說，《古事記》是日本「最古老的歷史書」，這既是不爭的事實，也是其價值所在。《古事記》的存在提醒著我們，除了共同的語言和外型特徵，擁有「共同的神話」也是重要的民族定義。如此貴重的一本書，眾人卻把焦點擺在該書內容的真偽，這種評價根本毫無意義。若真要檢討真偽，其他民族的神話也勢必遭殃。這就是一種多元性，大家心照不宣就好，無庸贅言！

日本書紀

にほんしょき or にっぽんしょき

顯示一國原始樣貌的
國史

作 舍人親王、川島皇子等人	年 養老 4 年（720 年）
數 30 卷	分 歷史書籍

背景 編列國家計畫的巨作

　　《日本書紀》係日本最古老的正史，據說完成於奈良時代初期的養老 4 年（720 年）。所謂正史，是由國家動員編修的正統史書，這一點是《日本書紀》與作為皇室私史意味濃厚的《古事記》最大的不同點。普遍認為，當時會在此時編修正史，是為了向唐朝等鄰國證明日本是一個正統國家。

　　《日本書紀》之所以編修，與《古事記》同樣源於 7 世紀末葉天武天皇所下達的命令。不過，打從一開始，《日本書紀》便是以正式的國家計畫推行。天智天皇的第 2 皇子川島皇子，是第 1 位接獲國史編修任務之人。後來，天武天皇逝世，導致編修中斷，經由多人接力編修，最終傳至天武天皇之子**舍人親王**（日本在 8 世紀後實施律令制，從此皇子稱為「親王」，公主稱為「內親王」）手中，統籌整理。

　　《日本書紀》真正的完成時間，是在天武天皇的皇孫**元正天皇**

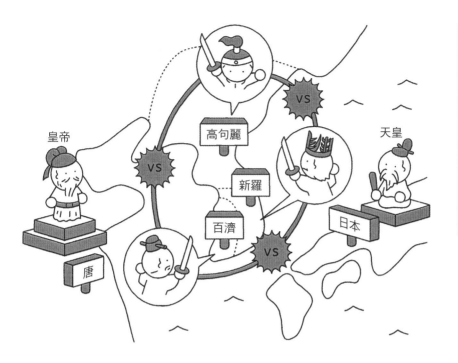

　　的時代。《古事記》是太安萬侶在短短 4 個月內，根據稗田阿禮的記憶編纂而成，相形之下，《日本書紀》耗時了 39 年，才終於完成。

　　然而，關於編撰的始末，《古事記》可在序文得到詳細的解釋，《日本書紀》沒有序文，因此詳情不可考。有關《日本書紀》編撰的記述，第 1 次出現在 8 世紀末完成的《續日本紀》中。

　　順帶一提，有一派認為，原本的書名並非《日本書紀》，而是《日本紀》。關於《日本書紀》的讀音，究竟是「にほんしょき」，抑或「にっぽんしょき」，目前在學者之間也尚無定論。

概要 部分描述與《古事記》不同

《日本書紀》共 30 卷。除了這 30 卷以外，據悉還有另一卷皇室族譜，但現已散佚。

《日本書紀》涵蓋的範圍，從神話時期一直延伸到 7、8 世紀的持統天皇時代。相較於《古事記》中神話占了整體三分之一，《日本書紀》30 卷中，僅前 2 卷記述了神話內容，其餘皆為歷代天皇的族譜與事蹟。而且有別於中國正史以紀傳體編寫，《日本書紀》採用**編年體**記述，即按照事件發生的年代順序記錄。

天皇的族譜與事蹟大致上與《古事記》相同，但也有部分細微的差異。例如，景行天皇之子倭建命（日本武尊）在《古事記》中被描繪成冷酷無情的殘暴人物，但在《日本書紀》中，他是一名代父征伐九州熊襲和東征的孝子。據悉，這之間的差異，主要是因為《日本書紀》為官方史書，故而避免對皇室發表不利言論。

關注 聚焦於日本的國際關係

儘管《日本書紀》是日本的官方史書，卻以正式的漢文書寫。這是為了向周邊國家展示，日本與當時的唐朝同樣為一個名正言順的國家。

《日本書紀》的另一個特色，是詳細記載了朝鮮半島以百濟為主的政治情勢，以及日本的對外關係史，並以第 9 卷的整卷篇幅，詳述神功皇后遠征新羅的豐功偉業。

此外，《日本書紀》的第 3 個特色，是參考《漢書》、《三國志》等中國正史與朝鮮史書等文獻，試圖藉此展現**日本當時在國際關係中的地位**。

　　《日本書紀》中收錄 128 首和歌，但就比例來看，遠低於《古事記》全 3 卷中收錄的 112 首和歌。

影響 六國史中的第 1 本正史

　　《古事記》與《日本書紀》並稱「**記紀**」，被視為了解日本古代歷史的珍貴史料。不僅可通曉日本歷史，同時也是中國和朝鮮半島各國古代歷史的重要參考資料。

　　《日本書紀》的原稿已流失，現存最古老的副本是平安時代初期的傳抄本。不同於《古事記》，《日本書紀》沒有偽書一說，且自完成以來，便廣為傳閱。然而，就記述的可信度而言，須留意《日本書紀》中的對外關係，是以日本的角度撰寫，且作為一本正統的官方史書，任何不利皇室的內容，都會被仔細審查，屏除在外。

　　繼《日本書紀》之後，官方又陸續編修了《續日本紀》、《日本後紀》、《續日本後紀》、《日本文德天皇實錄》、《日本三代實錄》等正史，後世將該等合稱為「六國史」。

伊藤老師短評

既然是官方編修的正史，內容自然著重在皇室治國的正統性。歷史學為人文科學的一門學科，是比較及考察文獻史料的學問。包括《日本書紀》在內的六國史，是日本歷史學的支柱，代表「正統」體系，不斷遭受各種「反論」觀點的挑戰，並因此衍生諸多「融合」的新見解，可說是日本最重要的歷史叢書。

風土記

ふどき

多數已失傳的
日本古代地方史

作 不詳	年 8 世紀前葉
數 不明（超過 60 卷？）	分 方志

 背景 彙整各地的風土民情與人文地理

奈良時代初期，和銅 6 年（713 年）元明天皇向全國官員下達詔令，要求他們彙整各地區域的地理風俗資料，並提交公文報告。這就是各地國司與郡司 7 等人編修的「風土記」。

當時正值《日本書紀》進行編修的年代。普遍認為，此舉的目的，是計畫以官方史書《日本書紀》作為縱向主幹，佐以橫向的各地方志的風土記，具體描繪日本這個國家的完整形態。

然而，從元明天皇發布命令，到風土記實際完成的過程中，各地之間存在明顯差異，部分地區耗費了 20 多年才提交報告。此外，這些文件並非一開始就取名為「風土記」，僅是一般官員呈上天皇的公文，稱為「解文」，直到平安時代以後，才改稱「風土記」。

順帶一提，當時日本分為大和國、攝津國、駿河國等 62 國 8（最後舊國名增加至 68 國）。據此推測，風土記亦理應超過 60 卷。然而，隨著時代變遷，絕大多數的風土記早已散失，現在僅存《出雲

7　國司與郡司皆為律令制度下的地方官。
8　「國」是律令制度下的地方行政區劃分。

八束水臣津野命

《國風土記》以傳抄本形式留有大致完整的內容。

其他如《播磨國風土記》、《肥前國風土記》、《豐後國風土記》、《常陸國風土記》仍留有傳抄本，但部分缺損，與《出雲國風土記》合稱「五風土記」。

不過，也有不少風土記的部分內容被其他文獻引用，例如《伊勢國風土記》、《志摩國風土記》、《尾張國風土記》等。

概要 內容涵蓋地名由來、產物和軼事傳說

元明天皇對全國官員頒布的詔令中，明言回報的公文中必須包括以下 5 大項目：①郡鄉名稱、②物產、③土壤肥沃貧瘠、④地名

由來、⑤自古流傳的民間軼事。普遍認為，所有風土記都是根據這個標準編修而成。

《出雲國風土記》是目前唯一一部保存大致完整的風土記，首先在〈總記〉中描述出雲國整體概況，接著分別就意宇、島根、秋鹿、楯縫、出雲、神門、飯石、仁多、大原等各郡，詳細記錄上述5種情況。書中還列出當時各郡的神社名單，這部分雖非元明天皇詔令中的指定項目，但推測其他風土記亦可能包括相關內容。

順帶一提，《出雲國風土記》是唯一一部載明編纂時期與作者的風土記。根據書末記載，天平5年（733年），出雲郡司神宅臣金太理在出雲臣廣嶋的監修下，完成編纂。

關注 僅留存在「風土記」中的神話

《古事記》和《日本書紀》中的神話主要圍繞在皇室的主題上。然而，普遍認為，風土記中記載的神話與之截然不同，涵蓋諸多各地獨自流傳的神話故事。

《出雲國風土記》有一篇〈國引神話〉，描述神明八束水臣津野命，用繩索把遠方的土地拉近陸地，形成了島根半島。這篇故事並未記錄在「記紀」的神話中。

此外，《出雲國風土記》還記載許多富有地方特色的神話與傳承，例如女神枳佐加比賣命在分娩時遺失弓箭，或是阿用鄉出現吃人的獨眼妖怪等故事。由此推測，其他佚失的「風土記」中，極有可能也記載了該地區特有的神話與傳說。

影響 風土記被諸多文獻引用

風土記原本為中國王朝的方志名稱。3 世紀末葉，晉代周處著有《風土記》，記述他在邊疆生活的所見所聞。此後，方志在中國相當盛行，6 世紀末葉，隋代出現《諸郡物產土俗記》，共 151 卷。

在日本，風土記完成後，分別存放在地方國廳與中央官廳。到了平安時代，由於文人學家對中國方志文化心生嚮往，開始廣泛閱讀這類方志文件。大約就在此時，原本稱為「解文」的日本方志，逐漸為人稱作「風土記」。

風土記廣為世人閱讀後，經常被後世書籍引用。這個現象，為那些後來失散的風土記提供線索，讓研究學者得以推測其內容。然而，據稱在引用的文章中，有些內容並非出自風土記，還混入了後人的創作。

伊藤老師短評

風土記只保存了 5 卷，其餘全數失散，這一事實似乎象徵著後來律令國家體制的崩壞。國司由中央派遣人才輪流交替，郡司則由當地的地方權貴世襲。在此關係之下，相信一定有不少國司因編纂而吃盡苦頭。如果是從上一任手中接下未完成的工作，情況想必又更加混亂……感覺真是辛苦。

正倉院文書

しょうそういんもんじょ

記錄奈良時代
社會真實面貌的公文

作 不詳		年 8 世紀	
數 1 萬多份		分 公文	

 背景 收藏在正倉院的古代公文

　　東大寺以「奈良大佛」聞名，為聖武天皇於 8 世紀前葉興建的大寺院。在大佛殿的北北西方向，設有一棟以校倉工法 9 打造的大型干欄式倉庫，稱為**正倉院**。

　　正倉院收藏了許多與聖武天皇相關的文物，包括大量的藝術品與工藝品，以及大約 1 萬份的文獻，這些文獻統稱為「**正倉院文書**」。

概要 重點在於文獻的背面

　　具體而言，在奈良時代，東大寺抄經所為官署，正倉院文書是東大寺抄經所編制的帳簿等宮廷文件。

　　當時紙張非常珍貴，因此過時的公文紙張的背面，經常被官員拿來重複利用。東大寺抄經所的公務文件，經常重複使用中央官廳戶籍和稅收記帳使用過的紙張，因此這些文件的背面，在無意中成為貴重的歷史文獻，揭示奈良時代的社會制度和稅制的真實樣貌。

9　日本傳統木工建築工法，不使用釘子，完全以榫接而成。多用於倉庫和糧倉等建築。

影響 直到江戶時代後期，才被學者所發現

在江戶時代後期以前，無人知曉正倉院文書的存在。然而，經由國學家穗井田忠友的發現，從此受到廣大的關注。此後，到了明治時代（1868 年到 1912 年），經宮內省[10] 等機構整理文書，才揭示其全貌。

> **伊藤老師短評**
>
> 簡言之，就是現代永續循環型社會推倡環保 3R——重複利用（reuse）、減少使用（reduce）、回收利用（recycle）——的基礎概念，其實早在奈良時代便已開始實踐重複利用的美德。話說回來，最近的環保 3R 還加入拒絕消費（refuse）與維修使用（repair）的概念，合稱為「環保 5R」。

---

10 律令制度下，掌管天皇、皇室及皇宮事務的中央部會。

萬葉集

奈良時代
收錄數千首和歌的作品集

作 大伴家持？		年 奈良時代末期	
數 20 卷		分 歌集	

 背景 收錄不同階層人士創作的和歌

　　《萬葉集》是現存**日本最古老的和歌總集**，普遍認為完成於奈良時代末期，總計 20 卷，收錄 7 世紀前葉到天平寶字 3 年（759 年）這約 130 年間創作的詩歌，加上傳統歌謠，約 **4500 多首和歌**。《萬葉集》書名中的「萬葉」（万の言の葉），意思正是「許多詩歌」。

　　然而，《萬葉集》的編書過程並不明確。關於編輯人員，也有多種見解，有人說是奈良時代的貴族橘諸兄，也有人說是同為奈良時代的貴族歌人（和歌詩人）**大伴家持**。目前的主流意見認為，《萬葉集》並非一開始就是編纂成總計 20 卷的歌集，而是把多本已編修的歌集蒐集在一起，最終由大伴家持統一彙整而成。

　　《萬葉集》中收錄了 4500 多首和歌，作者橫跨各個社會階層，包括皇族、貴族等顯貴男女，以及低層官員、邊境守衛、江湖藝人與農民等人，此外也包括許多作者不詳的作品。

　　順帶一提，原著已不復存在，現存最古老的傳抄本為 11 世紀

末葉，平安時代留下的版本。

概要　從歌詠男女愛情到邊防戰士的悲嘆

　　《萬葉集》中所收錄的和歌，根據內容大致分為3類：「**雜歌**」、「**相聞歌**」、「**挽歌**」。雜歌描述宮廷生活及旅行光景，相聞歌歌詠男女愛情，挽歌則是哀悼他人死亡的哀歌。

　　此外，根據和歌的創作年代，分4個時期。第1期從7世紀初到672年的壬申之亂，接著銜接第2期到和銅3年（710年）遷都平城京，再來接續第3期到天平5年（733年），最後為第4期到天平寶字3年（759年）。

　　《萬葉集》的代表詩人，包括曾先後任天智天皇與天武天皇兩

兄弟妃子的額田王、天智天皇之子志貴皇子、貴族、低層官員山部赤人、柿本人麻呂、山上憶良、大伴旅人（家持之父）、女歌人大伴坂上郎女（家持的姑母）等人。其中，當時額田王貴為天智天皇的皇后，仍赤裸裸的向前夫大海人皇子（後來的天武天皇）歌頌情感的和歌：「遍地茜色草，皇宮禁地眾人行，往來紫草野，原野守護可曾見，君舞衣袖隨風揚」[11]，被視為《萬葉集》的代表作品之一。

另一方面，《萬葉集》中不僅收錄了達官貴人的和歌，亦摘錄許多平民詠頌的詩歌，此乃其另一大特色。例如，從東國徵召來防守九州沿岸的防人——也就是邊防戰士，經常被迫進行嚴苛的任務。《萬葉集》中亦收錄了不少防人歌詠的和歌（防人歌），其中尤以「孤子手抓韓衣袍，淚如雨下泣悲鳴，無奈棄之守空寂，再無慈母懷中抱」的詩句最為有名，描述防人不得不留下已失去母親的孩子們，獨自出任務的悲痛情感。

此外，《萬葉集》也收錄了「東歌」。東歌是以當時統稱為東國（今長野縣、靜岡縣、關東地方）及東北地方南部方言詠唱的和歌。

關注 平假名與片假名的起源

《萬葉集》完成之際，當時日本尚無假名文字。因此，歌集中所收錄的和歌，都是借用漢字的音讀與訓讀，也就是真名，來標記日文的讀音，此稱為「<u>**萬葉假名**</u>」。

為了在書寫上更快速方便，萬葉假名的字體透過草書體（「<u>**草假名**</u>」）的拆分和簡化，筆畫逐漸減少，後來又歷經數次的簡化過程，最終演變成今日的「<u>**平假名**</u>」與「<u>**片假名**</u>」。就這層意義來看，《萬葉集》可說是日本特有的日文標音系統的最早起源。

此外，由於「東歌」等是以當時的方言歌詠，因此《萬葉集》

---

11 這首額田王詠唱的和歌，大意是「眾人一同前往宗室禁地，行走在被紫草染紅的大地原野時，不知原野的看守是否也窺見，你揮舞衣袖的神采？」詩中的「君」指的是大海人皇子。

也是研究方言的重要資料。同時，這些東歌和防人歌也提供了珍貴的線索，幫助我們了解古代平民的生活和情感。

影響 日本年號「令和」的出處典籍

《萬葉集》超越時代，廣為眾人翻閱流傳，對後世歌集的影響深邃悠遠。後來在國學興盛的江戶時代，荷田春滿、賀茂真淵、本居宣長等國學家，更將《萬葉集》視為日本文學的根本，積極進行研究。

話說回來，2019 年 5 月 1 日開始的日本新年號「**令和**」，也是出自《萬葉集》。「令和」二字，取自《萬葉集》第 5 卷中的 32 首和歌序文：「……于時，初春令月，氣淑風和，梅披鏡前之粉，蘭薰珮後之香……」。這是天平 2 年（730 年）正月，大伴旅人在宅邸梅園舉辦「梅花宴」，邀請山上憶良等約 30 位賓客，於宴席中歌詠梅花歌的序文。

在此之前，日本年號皆取自中國典籍，<u>**「令和」是第 1 個選自日本古籍的日本年號**</u>。

伊藤老師短評

課堂上，有時我會用萬葉假名開點小玩笑，例如飆車族愛用的「夜露死苦」（請多指教）、「佛恥義理」（遙遙領先），或日式小酒館常用的店名「多戀人」（許多愛人）等。《萬葉集》收錄多達 4516 首的和歌，這麼多首詩歌，其中當然也包含了一些讓人無言以對或過於直白的內容，令人不禁感慨，無論在哪個時代，人性的本質都沒什麼太大改變！

竹取物語

「日本最古老」的
古籍著作

作 不詳	年 平安時代前期
數 不明	分 物語

 背景 **物語始祖**

　　《竹取物語》的真正完成年分不可考，普遍認為時間落在平安時代前期，大約9世紀末到10世紀前葉之間。紫式部在《源氏物語》中寫道：「物語起源始祖乃竹取老翁」，因此《竹取物語》亦被認為是<u>日本最古老的物語文學</u>。

　　完成於奈良時代的《萬葉集》之中，亦有長歌提及竹取老翁與天女的內容。由此推測，8世紀左右，便已出現《竹取物語》的雛型。

　　儘管作者身分不明，但故事中對貴族的描寫細膩，因此普遍推測作者來自上層階級。此外，故事中存在強烈的反體制元素，因此有人認為，作者可能是對當時掌握宮廷勢力的藤原氏一族，抱持敵視態度的非主流貴族。

　　《竹取物語》的原稿已不復存在，現存最古老的傳抄本，是13世紀室町時代初期，據說由後光嚴天皇親筆謄寫的版本，但現在也僅留存部分內容。現存最古老的完整版本是室町時代末期的傳

抄本。

　　順帶一提，本部著作最常見的書名為《竹取物語》，亦有其他不同名稱，諸如《竹取老翁》、《**輝夜姬**物語 [12]》、《竹取》等。

概要 從竹子出生的公主與富士山的由來

　　故事大綱如下。很久很久以前，有一對老夫婦，以採竹維生。某天，老翁在竹林發現一株竹子在發光。走近一看，發現竹子裡坐著一個 3 吋（約 9 公分）大的小女孩。老翁與老婦決定把小女孩帶回家扶養，並將她取名為「嫩竹的輝夜姬」。

---

12 在臺灣，電影《かぐや姬の物語》的翻譯為《輝耀姬物語》。

不可思議的是，短短 3 個月後，輝夜姬便從 3 吋小女娃，成長為亭亭玉立的少女，貌美動人。輝夜姬的美貌吸引眾多男子慕名前來求婚，其中不乏來自京城的 5 名貴族公子。然而，輝夜姬無意出嫁，遂一一向貴公子們提出無理的要求，要他們取來「蓬萊玉枝」、「火鼠裘」、「佛御石缽」、「龍首珠」、「燕子安貝」這 5 種稀世寶物（其中只有「蓬萊玉枝」實際存在），才答應求婚。想當然耳，貴族公子無人成功。

輝夜姬的傳聞最終傳入帝君（天皇）的耳中，希望迎娶輝夜姬入宮，卻依舊遭其回絕。趁此次機會，輝夜姬告知老翁：「吾乃月中人，近日即將返鄉。」終於來到啟程這日，輝夜姬詠唱一首詩歌，獻給帝君：「是時候說道別。每當身披天羽衣，必當憶起帝身影」，並留下長生不老藥，重返天上。

據說帝君傷心欲絕，將輝夜姬贈與的長生不老藥燒毀於山中。從此，那座山便被稱為「不死山」（即富士山）。

關注 融合諸多傳說的文藝創作

人從竹子誕生，是中國或東南亞神話常見的模式。《竹取物語》融合了不少這類神話和傳說的元素，打從一開始就是一篇虛構的創作故事，這點是其獨特之處。

而且，《竹取物語》不僅是神話與傳說的結合，更具有架構完整、首尾連貫的特色。就這層意義來看，稱其為「日本最古老的故事」，絕非言過其實。

此外，普遍認為《竹取物語》也是最早使用假名文字書寫的物語文學之一。從這點來看，《竹取物語》可說是日本獨特文學創作的起源。

影響 即使在現代社會也大受歡迎的輝夜姬物語

《竹取物語》自古便受人喜愛，廣為閱讀。除了《源氏物語》，10 世紀的《大和物語》、《宇津保物語》，以及 11 世紀《榮花物語》和《狹衣物語》等著作，也都曾提及《竹取物語》的存在。

《竹取物語》目前一般多以《輝夜姬》的名稱出現。由於故事架構完整，今日依舊是一部膾炙人口的作品，以繪本、電影、動畫、漫畫等多種形式呈現，深受大眾喜愛。例如，平成 25 年（2013 年）吉卜力工作室製作的動畫電影《輝耀姬物語》上映後，在國際間獲得熱烈的迴響。

該片已被翻譯成英文、義大利文、德文、印地文、俄文、羅馬尼亞文、西班牙文、法文等多國語言，在全球播放，享負盛名。

但實際上，直到近期，大約昭和時代以後，《竹取物語》才受到學術研究的關注，在此之前，只被視為普通的童話故事，未能獲得學者的青睞。

伊藤老師短評

《竹取物語》的故事告訴我們，即使因緣際會下，有機會與某人相遇、相知、相惜，對方終有一天會離我們遠去。所以在相聚的時光裡，我們應善待彼此，成為對方的依靠，至死不渝。除非對方去到猶如月球般遙遠的地方，永遠不再回來，否則離別的心情，總是令人難以平復。想來如此深刻的情感，古今中外，不分男女老少，始終不變。

伊勢物語

いせものがたり

以和歌為主軸的
短篇物語

作 不詳	年 平安時代
數 不明	分 和歌物語

 背景 關於作者身分有多種說法

　　《伊勢物語》寫於平安時代，為和歌物語的鼻祖。和歌物語是
一篇以和歌為核心的短篇故事，敘述和歌創作的故事背景和始末。
本作品確切的完成年代不詳，有人說是平安前期，也有人認為在平
安中期。

　　《伊勢物語》在創作初期，曾有過許多名稱，諸如《在五物
語》、《在五中將物語》、《在五中將的戀愛日記》、《在五中將
日記》、《在五集》等。普遍認為約在平安時代末期，書名才正式
確立為《伊勢物語》。

　　本書的故事圍繞在平安時代初期貴族歌人在原業平這位主角身
上。業平素來以閱歷豐富的情場老手聞名。

　　然而，在作品中並未直接提及業平的名字，僅以「男子」稱呼。
順帶一提，《伊勢物語》的大部分章節，都是以「從前有一名男子」
開始，因此每當提及「昔男」這個名詞，指的就是本著作的主人翁。

幽夜情迷
早已痴狂的心
不能明辨是非
究竟是夢是真
今晚揭曉

昔男
齋宮
是夢境？
還是現實？

　　關於作者身分，至今依舊不詳。有一則說法是業平本人著述，但也有人認為作者是平安時期的貴族歌人紀貫之，還有人說是名叫伊勢的女歌人所寫。

概要 以戀愛史為主軸，描述昔男的一生

　　《伊勢物語》的每一節都是以假名書寫的句子與和歌組成的短文，描述一名男子（昔男）自成年後到死前的每段人生歷程。每節內容不長，最短大約 2 到 3 行，長篇約數十行左右。部分章節之間具有連貫性，有些則是完全獨立的故事。就整體而言，男女之情貫穿全文主軸，其中也穿插了親情、主僕情誼和友情的情節。

　　然而，《伊勢物語》的原稿已失傳，傳抄本則有諸多版本，章

節數目與和歌數量也不盡相同。其中，平安時代末期到鐮倉時代初期，貴族歌人藤原定家於天福 2 年（1234 年）抄寫的傳抄本，是最廣為流傳的版本，一般稱為「定家本」或「天福本」。「定家本」的《伊勢物語》總計 125 節，共收錄 209 首和歌。

關於《伊勢物語》書名的出處，目前最有力的說法是源自「定家本」第 69 節，發生在伊勢國中的故事。這節故事在描述「昔男」與伊勢神宮的齋宮（巫女，侍奉神明的未婚公主）私下幽會的情節，其中詠唱的戀歌「幽夜情迷，早已痴狂的心，不能明辨是非。究竟是夢是真，今晚揭曉」十分有名。

此外，第 9 節的和歌「親親吾妻，密如唐衣。千里東徙，獨留京，不勝唏噓」亦相當知名。這是「昔男」無法繼續在京城安居，即將遷居東國時詠唱的詩歌，詩中表達了他必須把愛妻獨留京城的不捨心境。此節後半段的另一首著名詩作「既名都鳥，必曉京畿。且問，吾親親摯愛，是否安然無恙？」據說這是他在今日東京都隅田川河畔詠唱，也是「言問橋」這座橋墩名稱的由來。

關注 自出書以來，即備受歡迎

《伊勢物語》是人稱**最古老的和歌物語**，與《竹取物語》並列為假名文學最早期的代表著作。《伊勢物語》甚至出現在《源氏物語》中，顯示在當時《伊勢物語》早已廣為人知。

此外，《枕草子》中還有這麼一句：「乍看以為是伊勢的物語。」作者在此處故意玩文字遊戲，在「伊勢」與「物語」之間加個「的」字，暗指那些仿造《伊勢物語》的假「伊勢的物語」。這一句凸顯出《伊勢物語》在當時深受人們喜愛，甚至被當成寫作模仿的對象。

影響 對能、人形淨瑠璃、歌舞伎亦有重大影響

《伊勢物語》也描繪了男女之間乾柴烈火的「風流韻事」，這對後來的《源氏物語》產生了重大影響。和歌物語這類作品也因此變得大受歡迎，促成《大和物語》等作品的誕生。

《伊勢物語》中的許多和歌也獲得高度評價，被視為一代傑作，並收錄在《後撰和歌集》及《拾遺和歌集》等著作中。

此外，《伊勢物語》對能、人形淨瑠璃（日本傳統傀儡戲）、歌舞伎的影響也十分深厚。能劇《井筒》是根據《伊勢物語》第23節「筒井筒」為基礎架構所改編（描繪青梅竹馬的戀情），《雲林院》則以《伊勢物語》為故事主軸。尤其《井筒》是能劇最具代表的曲目，由世阿彌所創作。世阿彌不僅是確立能劇表演型態的重要人物，《井筒》更是他本人也忍不住向人力薦的得意力作。另一方面，在人形淨瑠璃與歌舞伎中，也有《井筒業平河內通》與《競伊勢物語》等作品，改編自《伊勢物語》中的故事情節。

伊藤老師短評

在原業平在《小倉百人一首》[13] 中，以詩作「千年萬古遠，神世亦未聞，龍田楓葉落，流水照艷紅」打響名聲。漫畫《花牌情緣》[14] 更以本篇詩作首句為題名，身受年輕人喜愛，提高不少知名度。我個人非常喜歡《伊勢物語》第4節「月豈非月，春豈非春，僅余一人，依舊如昔」[15]，強烈推薦給各位。

---

13 日本鎌倉時代歌人藤原定家私撰的和歌集。
14 漫畫原書名為《ちはやふる》，末次由紀著，臺灣中文版由東立出版。
15 本詩是作者與女子離別後，感覺只有自己始終如一，但世間萬物（包括月色與春景）已和以往截然不同的感慨。

新撰姓氏錄

しんせんしょうじろく

生活在日本古代的
氏族名簿

作 萬多親王等人	年 弘仁 6 年（815 年）
數 不詳	分 氏族名簿

背景 記載各氏族的氏名由來

　　平安時代前期，<u>嵯峨天皇</u>下令編纂氏族名簿《<u>新撰姓氏錄</u>》，記載包括京城在內的畿內地區 1182 氏族的祖先、氏的名稱由來與分支演變等資訊。

　　<u>編纂本書的目的，是為了在重建律令國家體制時，根據實際情況，釐清氏姓[16] 的脈絡。</u>參與編輯的人數眾多，桓武天皇的第 5 皇子萬多親王等人都實際加入編纂作業，最終於弘仁 6 年（815 年）完成。

概要 「皇別」、「神別」、「諸蕃」

　　書中收錄的 1182 氏族，根據其起源，可分為 3 類：「<u>皇別</u>」、「<u>神別</u>」和「<u>諸蕃</u>」。

　　「皇別」係自神武天皇以降，從皇室分支出來的氏族，共 335 氏，最具代表的氏族為「橘氏」、「源氏」等。「神別」則是神武天皇以前分支或早已存在或的氏族，共 404 氏，代表氏族為「藤原

---

16 日本最早只有權貴擁有「氏」，用以區分在父系血緣關係下的親疏與身分高低，後來考量到職業，遂賦予相應的世襲稱號，是為「姓」，於是氏族的職業便有了階級之分，稱為「氏姓制度」。平民百姓只有名，沒有「氏」與「姓」，直到明治初期，才允許平民報姓，稱為「苗字」，也就是現在中文所說的姓氏。

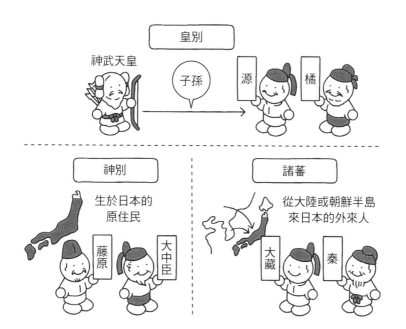

氏」、「大中臣氏」等。「諸蕃」為外來氏族,共 326 氏,代表氏
族為「秦氏」、「大藏氏」等。

影響 研究氏族的第 1 手歷史資料

　　《新撰姓氏錄》是研究古代日本氏族不可或缺的歷史資料。儘
管書名有「新撰」二字,但在此前並無《姓氏錄》等書籍。

伊藤老師短評

我在 18 歲時考進法政大學文學院史學系,後來加入日本古代史的
研究小組。我記得在 2022 年任教於聖心女子大學的佐木惠介教授,
在當時總是詢問小組成員:「《新撰姓氏錄》裡面是怎麼寫的?」
我的畢業論文主題正好是《天智皇室的復興》,所以對嵯峨天皇感
覺特別親近。

古今和歌集

醍醐天皇下令編修的
第1本御製和歌集

作 紀貫之、紀友則、 凡河內躬恆、壬生忠岑	年 延喜5年到延喜12年 （905年到912年）？
數 共20卷	分 歌集

 背景 **由紀貫之主導編修**

　　《古今和歌集》是第1本御製和歌集。所謂御製，意指奉天皇或上皇之命所編纂的書籍。

　　據序文表示，《古今和歌集》是依據醍醐天皇詔令進行編修，於**延喜5年（905年）**完成，其中所收錄的和歌包括《萬葉集》中未收錄的古老和歌，以及《萬葉集》出書後，後人所詠唱的和歌。然而，現存的《古今和歌集》中亦包含905年以後的詩歌，因此一般推測，《古今和歌集》初步完成後，又陸續添加了幾首和歌，實際完成時間大約落在延喜12年（912年）左右。

　　《古今和歌集》的編纂者為**紀貫之**、**紀友則**、**凡河內躬恆**、**壬生忠岑**4人。這4人是平安時代的和歌大家，名列「三十六歌仙」。一般認為，4人之中，由紀貫之擔任主編重責，他同時也是日本最古老的日記文學《土佐日記》的作者。

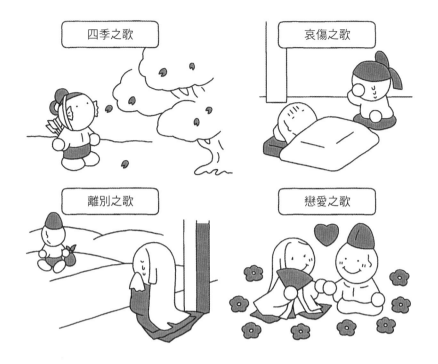

| 四季之歌 | 哀傷之歌 |
| 離別之歌 | 戀愛之歌 |

概要　歌詠四季更迭與愛情

　　《古今和歌集》共 20 卷，總計收錄 1111 首和歌。4 位編纂者的作品在歌集中超過兩成以上，紀貫之 102 首，凡河內躬恆 60 首，紀友則 46 首，壬生忠岑 36 首。此外，整部和歌集當中，約有 4 成和歌作者不詳。

　　從詩歌內容來看，讚頌春夏秋冬景致的四季和歌總計 342 首，歌詠愛情的和歌計 360 首，可說是《古今和歌集》的兩大主題。

　　其中，在原業平讚頌春天的詩作相當有名「世上如無櫻，望春之心，興許更平靜」；盛夏詩歌，首推紀友則的作品「星河淺灘尋無處，只得踏浪前行，尚未橫渡，天已漸明」；佚名詩作「龍田川，

紅葉亂，紛紛漂流，連綿似錦，渡河必中斷」，描繪出豔紅的秋色；另外還有紀貫之歌詠的寒冬景致：「寒冬瑟瑟，草木凋，大雪紛飛，綻出一團團，不知春暖花」，這些詩作至今依舊為人所歌頌。

在愛情的主題中，「假寐朦朧中，戀戀良人現，雖知轉眼逝，唯夢解相思，不覺託夢來」，這首是女歌人小野小町描述自己與思念之人在夢中相會，相信各位都耳熟能詳。除此以外，《古今和歌集》中收錄了許多古典和歌的代表作品。

關注 被譽為經典序文的「假名序」

《古今和歌集》有兩篇序文，一篇是以假名書寫的「**假名序**」，另一篇是以漢文寫成的「真名序」。一般認為，假名序作者為紀貫之，真名序則出自平安時代儒學家的歌人紀淑望之筆。

貫之在假名序中解釋了和歌的起源、分類和應有的樣態，可說是日本最早的正規文學理論，獲得高度評價，與《古今和歌集》中所收錄的和歌同樣都是不可錯失的經典佳作。

此外，假名序第1段寫道：「大和歌，以人心為種，發根交織成千言萬語。人之在世，必經萬事，是以據所見所聞，將心之所想，一一表述。但聞花間鶯啼，水中蛙鳴，生命萬物，無不高歌吟詠。不費吹灰之力而驚天地，令無形鬼神為之動容，化解男女糾葛，撫慰猛士心靈者，歌也。」開頭便展現和歌精髓之所在，對後世影響重大。

話雖如此，亦有意見認為，這篇「假名序」是後人借貫之名偽造而成。

影響 江戶時代以後，評價略微變差

《古今和歌集》是由天皇詔令進行編纂的重要國家計畫，完成

後，成為當代貴族的基礎修養，人人必讀。據悉，《古今和歌集》對當時 10 世紀末葉到 11 世紀蓬勃發展的日本特有文化「國風文化」的形成，貢獻良多。《古今和歌集》中收錄的和歌，人人視為典範，就連《源氏物語》也自《古今和歌集》引用了多首和歌。

室町時代的武將歌人東常緣，以「古今傳授」[17] 的方式將《古今和歌集》的釋義祕密口傳給弟子宗祇。從此以後，《古今和歌集》的傳授便分為御所傳授與奈良傳授兩大系統。

然而，到了江戶時代中期，國學家賀茂真淵等人認為，相較於《古今和歌集》著重技巧且含蓄委婉的「古今調」，他們更推崇《萬葉集》大方、樸素且直言不諱的「萬葉調」。真淵著有《萬葉考》，他在書中評論，在風格上，《萬葉集》展現的是男性陽剛氣質的「男子氣概」（ますらをぶり），《古今和歌集》則偏女性陰柔的「溫柔婉約」（たをやめぶり）。

此外，明治時代以後，擅長俳句與和歌的詩人正岡子規，以及詩人萩原朔太郎對《古今和歌集》嚴加批判，也連帶影響世人對該歌集的評價。

伊藤老師短評

以現代風格來說，「萬葉調」簡潔有力的表達方式，就像歌詞「我在 1 萬 2 千年前就愛上你」[18]，以及小說《我想吃掉你的胰臟》[19] 這般直接了當。至於細膩優美的古今調，其表達方式比較迂迴婉轉，例如日文歌〈我當了別人的女友〉或日本動畫電影《知道天空有多藍的人啊》。但這就像人們在討論醬油拉麵或豚骨拉麵的喜好一樣，無所謂優劣之分。

---

17 所謂古今傳授，意指由老師講授《古今和歌集》，學生聽講並寫筆記，最後由老師確認筆記內容是否正確。確認無誤後，傳授才得以完成。
18 日本科幻機器人動畫《創聖機械天使》主題曲中的歌詞。
19 住野夜著，臺灣中文版由悅知文化出版。

寬平御遺誡

かんぴょうのごゆいかい

宇多天皇讓位時
留給新任天皇的書信

作 宇多天皇	年 寬平 9 年（897 年）
數 1 卷？	分 遺訓

背景 留給醍醐天皇的提醒事項

　　寬平 9 年（897 年），30 歲的**宇多天皇**突然讓位給自己的兒子——皇太子敦仁親王。醍醐天皇繼任天皇之位時，年僅 12 歲。因此，宇多天皇御筆寫下《**寬平御遺誡**》，諄諄教誨年幼天皇，身為一國帝君應有的態度和各種注意事項。

概要 對菅原道真讚譽有加

　　《寬平御遺誡》中談及諸多面向，包括朝廷的政務儀式、天皇的日常公務與學識的重要性。此外，宇多天皇在文中亦闡述自己對朝中官員的評論，他尤其青睞當時任藏人頭[20] 的紀傳道[21] 學家菅原道真。宇多天皇並在文中明載，有關讓位一事，他僅與道真討論，便做出決定。

　　然而，道真受宇多天皇重用，反而惹來貴族眼紅，據說這也是他後來遭貶謫到大宰府[22] 的原因之一。

---

20 藏人所第 2 大官員，藏人所負責處理天皇的機密文書，以及宮中庶務、防守等事務。
21 紀傳道是一門學習中國史書、詩文的學科。
22 現在的福岡縣太宰府市。

菅原道真　　　　藤原時平

宇多上皇　　　　醍醐天皇

影響 被眾多書籍引用的重要典籍

　　鎌倉時代的文獻中提到，《寬平御遺誡》共計 1 卷，但因原稿遺失，因此無從確認。不過，平安時代中期以後，《寬平御遺誡》的各個部分出現在許多不同的著作中，據稱將這些引用內容拼湊在一起，幾乎可以完整重現該書的內容。

伊藤老師短評

《寬平御遺誡》是一本未來皇位繼承人必讀的「帝王學」訓誡書，就如同 18 世紀英國貴族切斯特菲爾伯爵的《紳士的品格：切斯特菲爾伯爵給兒子的家書》（臺灣中文版，西北國際出版），以及加拿大企業家金斯利‧華德的《企業家爸爸給兒子的三十封信》（臺灣中文版，最新由寶鼎出版社出版）。這些著作成為暢銷書，足見父傳子的話語尤具分量。

倭和名類聚抄

わみょうるいじゅしょう

彙整漢文與日文的
漢和百科辭典

作 源順	年 930 年代
數 有 10 卷與 20 卷兩種版本	分 辭典

 背景 平安時代的漢和辭典

　　歌人學家<u>源順</u>，應醍醐天皇第 4 公主勤子內親王的要求，編纂了《<u>倭名類聚抄</u>》（倭名抄），這是一套<u>漢和百科辭典</u>。書名有時會寫成《倭名類聚鈔》或《和名類聚抄》。「類聚」意指「匯集同類事物」。

概要 按領域劃分詞彙

　　《倭名類聚抄》發行了全套 10 卷與全套 20 卷兩種版本，根據天文學、身體部位、食物等領域，分門別類劃分詞彙。在全套 10 卷的版本中，分 24 個領域（部）；全套 20 卷的版本，則分為 32 個領域（部）。

　　該辭典在格式上，先以漢文列出名詞，接著引用典故，解釋辭義。此外，還會以萬葉假名標示日文讀音。例如，在天文學領域的「日」（太陽）一詞中，釋義是「根據《造天地經》，佛陀指示寶應菩薩創造了太陽」。

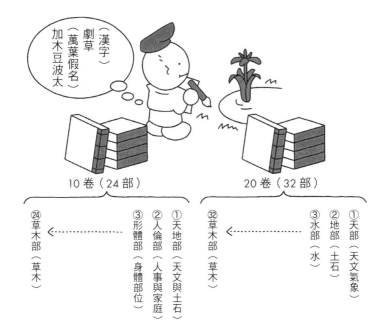

影響 了解當時社會的重要線索

　　《倭名類聚抄》從一開始，便因作為了解漢字訓讀[23] 的典籍，受到高度重視。到了現代，《倭名類聚抄》是提供當時社會、風俗、制度等重要資料的歷史文獻。

伊藤老師短評

　　「如果只能帶一本書去荒島……」在那個時代，《倭名類聚抄》可說是眾人首選。在皇室貴族的世界，不學無術者，不受器重。因此本書的編纂，正好滿足貴族們的需求。「大全」系列的書籍尤其珍貴，經常為人再三翻閱，細心收藏，甚至視如親人一般珍貴。本書的價值莫不如是。

23　日文發音分音讀與訓讀。音讀是漢字從中國傳入日本時，字詞原本的發音，訓讀則是採用漢字字義，以日文原有的念法來發音。例如「山」，音讀為「san」，訓讀為「yama」。

枕草子

平安時代最具代表性的
女作家散文集

作 清少納言		年 平安時代中期	
數 不明		分 隨筆	

背景 「枕」的涵義至今不明

　　以「春曙為最」這句破題金句聞名的《枕草子》，是平安時代中期女作家，歌人清少納言的隨筆作品。本書確切的創作時間不可考，但據推測，至少在長保 3 年（1001 年）左右便已完成。

　　根據《枕草子》的跋文（後記），作者提筆寫作的動機如下。清少納言擔任女房（宮女），服侍一條天皇的中宮（皇后）定子。某日，任職內大臣 24 的藤原伊周，也就是定子的兄長，將當時仍屬稀少珍貴的紙張贈與一條天皇與妹妹。取得紙張後，定子不知該如何下筆，遂詢問清少納言的意見，少納言回答：「枕最合適吧！」於是定子將紙張賜予清少納言，從而促成《枕草子》的誕生，書名也由此而來。

　　話雖如此，清少納言答覆的「枕」，究竟所謂何意，至今依舊無解。有人說是比喻如枕頭一般，無法輕易示人，有人說是一種雙關語，也有人說當時的「枕草子」只是個普通名詞，意指筆記本。

---

24 輔佐天皇，負責宮廷文書等事務之機關的最高首長。

❶ 類聚章段

雀躍

麻雀幼鳥

❸ 日記章段

中宮定子

❷ 隨想章段

饒富趣味⋯⋯

總之學界有各種解釋，尚無定論。

　　此外，另有一派認為，《枕草子》跋文中定子與清少納言的對話，其實是清少納言虛構的故事。實際上，《枕草子》的記述中包含了許多清少納言的幻想與妄想。就這層意義來看，《枕草子》並非一本記述事實的日記，而是隨興所至的隨筆散文。

概要　類舉物盡、四季自然、宮廷生活

　　《枕草子》採用大量平假名，以和文（亦即日文）書寫而成，總計約 300 個短篇章段（段落）。在內容上，一般主要分為類聚章段、隨想章段及日記章段（又稱回想章段）這 3 大主題。「類聚章段」亦稱「類舉物盡」（ものづくし），也就是從一個特定主題，

列出所有可以聯想到的相同性質與類別的事物；「隨想章段」以觀察日常生活與四季自然為主題；「日記章段」則是少納言於侍奉定子期間的往事回憶。

例如在類聚章段中，在「掃興的事物」的主題下，清少納言列出多個她從該主題聯想到的事物，諸如「白天吠叫的狗；春天的捕魚柵欄；3、4月天的紅梅衣裳；死了牛的養牛人家；嬰兒夭折後的產房；點不著火的火盆或炭爐；博士家中接連生下女兒；為了避忌凶位，借住友人家中，主人卻不宴客；更別提節氣，更是令人掃興」。

除此以外，其他還有各種主題，諸如「令人怦然心動的事物」、「高貴的事物」。

然而，這 3 種內容分類並不嚴謹，後世對這部分也提出了各種解釋。例如，開頭第 1 段「春，曙為最。逐漸轉白的山頂，開始稍露光明，泛紫的細雲輕飄其上。」[25] 普遍認為屬於隨想章段，但亦有人持不同意見。

關注 「逸趣橫生」之美學代表的文學藝術

清少納言在《枕草子》中，展現其敏銳的觀察力與率性筆觸。書中「**逸趣橫生**」（をかし）的美學體現，奠定其在古典文學上的代表性地位。然而，在「回想章段」中，也夾雜了一些感傷內容，這主要是因為清少納言侍奉的定子晚年淒涼，不僅失去父親，兄弟也先後失勢所致。

話說回來，《枕草子》中的「逸趣橫生」之美，與「物哀」的美學概念形成對比。「物哀」指的是「深切的感觸與哀愁」，**紫式部**的著作《源氏物語》是體現「物哀」最具代表性的日本文學。也因此，這兩部作品被視為平安時代兩大女性文學的代表，也經常為

---

25 譯文節錄自《枕草子》林文月譯本（洪範出版）。

人相互比較。

此外，後世流傳清少納言與紫式部關係不和，但兩人所處的年代略有先後差異，應該只能算是後來服侍中宮彰子的紫式部，單方面同性相斥的心理作祟罷了。

影響 名列三大隨筆之一，現代依舊大受歡迎

《枕草子》作為隨筆名著，與鴨長明《方丈記》及兼好法師（卜部兼好）《徒然草》並列日本三大隨筆，對後世的隨筆、物語等文學以及連歌俳句影響深遠。

《枕草子》每個章段篇幅簡短，用詞簡明，無論是原著還是現代譯本，都十分通俗易懂，時至今日依舊深受大眾喜愛。現代作家以《枕草子》為題材的創作作品及漫畫都廣受好評，例如橋本治的《桃尻語譯枕草子》、田邊聖子的《往昔破曉時分：小說枕草子》等著作。

《枕草子》的原稿今已失傳，僅留存各種傳抄本。傳抄本在編排上大致可分為兩種，一種是雜編形態，將類聚章段、隨想章段與回想章段隨意排列，另一種是按性質分門別類的類編形態。

伊藤老師短評

透過這部傑出作品，讀者可以從中感受，位居中等階層的中年清少納言，如何利用文字和教養為武器，在宮中步步為營的堅毅氣魄。只閱讀教科書上列出的經典段落，而不曾細細閱讀全文，實在可惜！不過，清少納言與紫式部素昧平生，紫式部之所以批評少納言，顯然是因為她在展現才氣時，無意中流露出了自負與誇大其辭的壞習慣。

源氏物語

平安時代貴族公子戀愛的
王朝文學

作 紫式部		年 平安時代中期	
數 54 帖		分 物語	

背景 在藤原道長支持下完成

　　紫式部為平安時代下層貴族歌人藤原為時之女，在當時屬晚婚的 20 多歲結婚，育有一女，但 3 年後丈夫去世。據說，紫式部是為了排遣寂寞，而開始創作《源氏物語》。

　　據悉，紫式部剛開始寫作時，只分享給好友熟人閱讀，後來因故事有趣，消息傳開而逐漸廣為人知。當時擔任左大臣內覽 26 的藤原道長聽聞風評後，聘僱紫式部擔任女兒彰子的家教。那時彰子已經入宮，為一條天皇的妃子。從此，紫式部便在道長的支援下，完成《源氏物語》。順帶一提，謠傳道長與紫式部之間有一段男女關係。

　　然而，關於《源氏物語》何時開始著述、歷時多久時間完成、以及何時完成，都不得而知。儘管普遍認定紫式部為作者，但並沒有直接證據證明這一點。因此，亦有看法認為，真正的作者可能是書中主角光源氏的原型人物——源高明本人（醍醐天皇之子，原任左大臣，在 969 年「安和之變」中遭流放到大宰府），或是由多名

---

26 內覽的意思是平安時代以後，太政官上奏天皇的奏文交由攝政、關白或天皇指定的大臣等人批閱。

作者相繼經手寫成。

概要　光源氏的光榮與挫敗

　　《源氏物語》全書由 54 篇故事構成，通稱 <u>54 帖</u>。故事內容歷時約 70 年，透過主角光源氏的生平，描述平安時代貴族社會的各種愛情故事與政治權力鬥爭。書中穿插了多首和歌，數量高達 800 首。

　　一般認為，《源氏物語》由 3 部構成，第 1 部講述光源氏貴為天皇之子，出生貴族，才華洋溢，英挺俊美，歷經無數風流韻事、光鮮璀璨的前半生涯；第 2 部重點擺在光源氏領悟男女之情，虛無短暫，立志出家的後半生；第 3 部敘述光源氏去世後，其後代子孫

薰君與匂（音同匈）宮的愛情與人生故事。

然而，亦有意見認為《源氏物語》實際上共 4 部，而非 3 部。總計 54 帖中，**第 41 帖〈雲隱〉，只有標題，沒有正文**。對此情況，目前學術界主要有兩種解釋，一是原本就只有標題，沒有內文；另一種解釋是正文已佚失。

此外，平安時代末期完成的歷史故事《今鏡》，和鎌倉時代的評論書《無名草子》中提及《源氏物語》共 60 帖，這意味著過去可能存在現已失傳的篇章。

關注 「物哀」之體現

《源氏物語》被譽為體現物哀之美的文學巨作。「**物哀**」意指「深切的感觸與哀愁」，與《枕草子》的「逸趣橫生」之美，並列平安時代最具代表的日本特有美學。

《源氏物語》的前半段描述繽紛璀璨的貴族社會，但漸漸的，佛教的無常觀及達觀色彩愈來愈濃厚，尤其第 3 部更是直接闡述佛教思想。

話說回來，擁有千年歷史的《源氏物語》，有時會被稱為「世界最古老的長篇小說」。然而，早在西元 1、2 世紀的古羅馬時代，便已存在可視為長篇小說的作品，因此「世界最古老」的說法並不正確。即使是在日本，也有《竹取物語》及《宇津保物語》等比《源氏物語》更古老的古籍。不過，就其對後世文學的深遠影響，《源氏物語》無疑是日本文學的源流。

影響 海內外知名的日本經典古籍

《源氏物語》在創作期間，便引起貴族社會的矚目，廣為流傳，

著作完成後，更成為貴族基礎教養的必讀讀物。在平安時代末期，歌人藤原俊成（定家之父）更是對這本百年歷史的著作，留下「未能拜讀源氏，乃歌人畢生遺憾」的感嘆，可見當時《源氏物語》已是深受貴族喜愛的古典著作。同樣在平安末期，開始出現《源氏物語繪卷》等以繪畫形式呈現的作品，藤原定家也大約是在這個時期著手整理眾多傳抄本，彙整成今日我們閱讀的讀本。

平安時代以後，無論是鎌倉、室町還是江戶時代，《源氏物語》一直是日本古典文學的代表著作，不斷為人們傳承閱讀。到了江戶時代，更進一步普及到平民階層。

近代以降，與謝野晶子、谷崎潤一郎、圓地文子、田邊聖子、橋本治、瀨戶內寂聽、角田光代等眾多作家，無不致力於將其翻譯成現代白話文。19 世紀以後，《源氏物語》相繼被翻譯成 20 多國語言，深得海外讀者的喜愛。

伊藤老師短評

認真的傳統考生經常用「這是古文參考書」為由，說服父母購買《源氏物語》（あさきゆめみし，大和和紀）的全套漫畫，從此沉迷在《源氏物語》的花花世界。上大學以後，應該有不少大學生都曾想過要挑戰與謝野晶子或谷崎潤一郎等人的現代日語譯本，卻又屢戰屢敗。出社會後，心想「如果是現代作家的譯本，我一定也讀得來！」然後這個雄心壯志就一直擺在心中，始終沒付諸行動，大概是普通上班族的普遍心態……這次說不定是你最後的機會？趕快翻開《源氏物語》，盡情閱讀吧！

往生要集

平安時代
確立日本地獄觀的佛教典籍

作 源信		年 寬和元年（985 年）
數 3 卷		分 思想論

 背景 **因師尊仙逝而興起撰寫的念頭**

　　《往生要集》是平安時代中期，僧侶源信（惠心僧都）著作的佛教思想論。源信在天慶 5 年（942 年）生於大和國（今奈良縣），年幼喪父，8 歲出家，入天台宗總本山比叡山延曆寺，拜入高僧良源門下。

　　源信天性聰穎，14 歲即受村上天皇重用，入選法要（法華八講）講師行列，講解《法華經》。當時，源信將天皇欽賜的貴重賞賜送回家鄉母親家中，但其母將所有賞賜全數送還源信，並回贈一首和歌：「送子出家，盼其成渡眾生之橋梁，卻為渡己發跡之僧人，不禁悲從中來。望汝誠心求道。」母親的一席話，猶如醍醐灌頂，源信從此隱居比叡山內，於橫川惠心院虔心修佛，過著修行者的生活。

　　後來，源信從永觀 2 年（984 年）開始撰寫《往生要集》。據說，源信撰寫本書的動機，是因其敬愛的師尊良源重病不起。良源於隔

年仙逝，2 個月後，源信便完成《往生要集》。

　　之後，源信因太政大臣**藤原道長皈依**而升官，受封僧官中權少僧都[27] 的高階官位，但他謹遵母親教誨，僅在位 1 年，便辭謝權少僧都的職位。

概要　藉阿彌陀佛之力，通往極樂世界

　　源信在《往生要集》中宣揚**淨土信仰（淨土教）**。淨土信仰是一種佛教思想，信奉**阿彌陀如來**（阿彌陀佛），透過唸「<u>南無阿彌陀佛</u>」，<u>往生西方極樂世界</u>。

　　淨土信仰及其背後的末法思想，由中國僧侶善導集大成，於 7 世紀透過遣隋使、遣唐使傳入日本。然而，9 世紀以後，淨土信仰

---

27 日本僧官由僧正、僧都、律師三大階位構成，權少僧都為僧都中最低的官階。

並未成為日本佛教的主流。當時盛行密教，尤以天台宗、真言宗最為興盛。即使到了源信出生的 10 世紀，這個情況依舊不變。儘管如此，源信深信唯有淨土信仰，得以拯救芸芸眾生，遂引用諸多典籍和佛教論著，編纂成《往生要集》。

《往生要集》由上、中、下 3 卷構成。上卷講述世界存在地獄道、餓鬼道、畜生道、修羅道（阿修羅道）、人道、天道的 6 道輪迴，且另有西方極樂世界。接著，中卷闡述念佛修行的方法論，下卷分析念佛的意義及優點。

關注 地獄的描繪令人印象深刻

就整體而言，《往生要集》是一部宣揚淨土信仰的著作，但無論在當時或現代，最令人印象深刻的部分，始終是書中對地獄的詳盡描述。

《往生要集》闡述死後世界存在 8 大地獄，罰責由輕而重依序是等活地獄、黑繩地獄、堆壓地獄、叫喚地獄、大叫喚地獄、燒炙地獄、大燒炙地獄、無間地獄。此外，此 8 大地獄中，又各有 16 個小地獄，總計 128 個地獄。

例如，書中描述，殺生者死後入等活地獄，遭恐怖獄卒以鐵杖從頭到腳一一打碎，死而復甦，再受肉身四分五裂之苦，無限循環。又如犯邪淫者，死後墜堆壓地獄，入刀林，骨肉粉碎。

其他如血池地獄、劍山地獄、油鍋地獄……不勝枚舉。若說日本人對地獄景觀的想像全來自《往生要集》，一點也不為過。

源信寫下如此駭人的地獄景象，目的在鼓舞人們現世行善。但不可否認的是，書中逼真的描述，繪聲繪影，反而讓讀者留下《往生要集》是一本「地獄之書」的印象。

影響 鎌倉新佛教的基石

　　源信生活在平安時代中期，當時淨土信仰並非日本佛教的主流。然而，人稱「市聖」、「阿彌陀聖」的空也積極傳教，加上源信的著作《往生要集》的影響，鎌倉時代以後，淨土信仰開始吸引眾多信徒，相繼成立了淨土宗、淨土真宗（一向宗）、時宗等流派，成為日本佛教一支龐大勢力。尤其，淨土信仰在普通百姓之間相當普及。

　　據傳，淨土宗鼻祖法然，便是受《往生要集》啟蒙淨土信仰，其弟子親鸞亦受《往生要集》巨大影響，日後開創淨土真宗，並留下 10 多首和歌，讚頌源信。基於這些淵源，後世尊奉源信為日本「淨土信仰（淨土教）祖師」。

　　順帶一提，在紫式部的《源氏物語》及芥川龍之介的《地獄變》中都有出現僧侶「橫川僧都」，據說他的原型人物便是源信。

伊藤老師短評

當時的皇室貴族，無須為了生活忙碌，飽讀詩書，還有閒暇思索「如何避免墮入地獄」、「如何從汙穢的現世（厭離穢土），走向純淨的極樂世界」。《往生要集》作為「地獄指南」、「往生手冊」，正好滿足他們的需求。《往生要集》後來亦傳入中國宋朝，廣為閱讀，是一本具有國際影響力的著作。

中右記

ちゅうゆうき

揭示院政初期
政治情勢的珍貴史料

作 藤原宗忠	年 寬治元年到保延 4 年 （1087 年到 1138 年）
數 不明	分 日記

 背景 **平安時代後期約半個世紀的重要紀錄**

　　《中右記》是平安時代後期，上層貴族藤原宗忠留下的私人日記。這本日記始於寬治元年（1087 年）正月，即白河上皇開始實行院政 [28] 後的第 2 年，一直持續到保延 4 年（1138 年）宗忠出家為止。就宗忠的年齡而論，他在 25 歲到 76 歲這段漫長歲月裡，努力不懈的記錄了長達 50 載。

　　本書題名為「中右記」，係從宗忠居住所在地名「中御門」，和他的官職「右大臣」，各取一字組成。然而，「中御門右大臣」藤原宗忠本人，實際上以《愚林》謙稱自己的日記，《中右記》的書名乃後世所題。

　　今日流傳下來的《中右記》，是由宗忠本人與其子宗能，將原本的日記加以彙整而成。宗忠自述，前 34 年的日記共 160 卷。由此推論，日記原稿數量龐大，可能多達近 200 至 250 卷。然而，經修訂後，內容大幅縮減，且原稿也已經銷毀。

---

28 院政是皇權為了抵抗攝關政治（外戚攝政）而發展出來的政治形態。天皇禪位，自稱上皇，於朝廷內設置「院廳」，在「院」中訓政。

快阻擋僧兵！

白河法皇

VS

概要 **從政治社會情勢到人物評鑑，內容包羅萬象**

日記內容豐富，包括院政初期的政治社會情勢、朝廷政務與儀式活動，以及京城人民生活樣態，記錄十分詳盡。

例如，永久元年（1113 年）4 月 30 日的日記中寫道：「丹後守 [29] 以下武士，天下武者，源氏平氏等人，駐守宇治丘地，抵禦南京 [30] 大眾。其中，檢非違使 [31] 正盛、重時、忠盛，經眾議，依院令出兵。又，出羽守 [32] 光圀（音同國）與大夫尉 [33] 盛重，鎮守西坡下，阻擋山中大眾下山。」

這段內容描述比叡山與興福寺派遣僧兵，逼近京城，以武力逼迫朝廷接受請願（強訴），但遭<u>白河上皇（法皇）</u>藉武士力量阻擋

---

29 丹後國地方官。丹後國大約為今日京都府北部。
30 即現在的奈良。
31 日本律令制下的令外官之一，代天皇檢察各地違法事宜。
32 出羽國地方官。出羽國相當於今日山形縣與秋田縣一帶。
33 檢非違使三等官。

的情形。從此，武士為朝廷所重用，對抗當時大寺院盛行以僧兵強訴，脅迫朝廷的行為，此舉也促使武士階級藉機踏入中央政界。

此外，《中右記》另一個特色是，每當重要人物去世，宗忠除了記錄訃聞，還會附上該人物簡介及其個人的論評。白河上皇於大治 4 年（1129 年）7 月 24 日駕崩時，宗忠在日記中如此評述。

「治理天下五十七載，任意妄為，目無法度，授官敘位……威震四海，天下歸順，掌幼主三代政權，為齊王等六人至親。桓武以來，絕無前例，堪稱聖明賢君，永恆之主。然，是非決斷，賞罰分明，愛惡昭然若揭，貧富差距明顯。男女殊寵者眾，既已破壞天下位階秩序。」

宗忠力讚白河上皇的實力，說其「威勢滿天下」，同時也批評他「目無法度，恣意妄為」、「搗亂天下秩序」。由此得以窺見，當時人們是如何看待白河上皇種種霸道蠻橫的行為。

關注 留下官方史學中看不到的珍貴記載

《中右記》是了解院政初期局勢的第一手歷史資料。

此外，宗忠在日記中還談及他任職檢非違使時，維護京都治安的業務，以及前往熊野、伊勢等地的旅遊記事。這些內容甚少出現在正史中，因此《中右記》亦是了解當時警察機構與交通方式的重要史料。

影響 京都貴族們的參考書籍

《中右記》中詳細記載了朝廷的例行活動、法令、制度、習慣、官職、年節慶典、儀式等事宜。因此，對於必須參與朝廷政務與儀式的京都貴族而言，《中右記》是極為重要的參考書目，平安時代

以後，日記的傳抄本在貴族社會中依舊廣為流傳翻閱。

　　今日，宗忠的親筆原稿已失傳，但鎌倉時代的傳抄本保存在宮內廳書陵部 34。此外，位於京都市右京區的陽明文庫，亦藏有《中右記》的傳抄本。該文庫保存了近衛家 35 世代傳承的古文獻、典籍、紀錄、日記、書信等文物。

　　值得一提的是，平安時代的其他貴族也留下了日記，例如在攝關政治時期，有**藤原道長《御堂關白 36 記》、藤原實資《小右記》**、藤原行成《權記》等日記，院政後期則有藤原賴長的《台記》。這些日記都是了解當時社會、政治及宮廷儀式的重要歷史文獻。

伊藤老師短評

到了平安時代後期，政治多按先例推行，也盛行舉辦年節慶典，因此精通先例或儀式，是貴族教養的重要一環。當時為家族留下詳細日記，並非出自興趣，而是身為上層貴族的重要工作，具有明顯的公務性質，有別於現代私人社交網絡的運用，比較類似公眾人物的官方部落格。

---

34 宮內廳書陵部專門執掌皇室譜牒、文書資料的管理編修及陵墓管理等事務。
35 近衛家為五攝家之一，是日本鎌倉時代，出自藤原氏嫡派的五大家族，即近衛家、一條家、二條家、九條家和鷹司家。為朝廷公卿中的最高門第。
36 關白出現在 9 世紀末以後，為輔佐天皇的最高官職。

大鏡

おおかがみ

歷史故事書「四鏡」中的
最佳傑作

作 不詳	年 平安時代後期
數 3 卷、6 卷、8 卷	分 歷史故事

 根據史實撰寫的歷史故事

　　《大鏡》為一部歷史故事，其書名取自「反映歷史的明鏡」之意，普遍認為完成於平安時代後期。歷史故事是根據史實編寫的故事性作品。乍看之下，風格近似歷史書籍，因此所述內容經常被誤解為真實的歷史事件。然而，其中大多參雜作者虛構的創作，所以本質上應視為文學作品。

　　《大鏡》確切的完成年分並不明確。本文中有一句「今萬壽二年，時值乙丑年」，因此後世曾有一段時間以為《大鏡》寫於萬壽 2 年（1025 年）。然而，詳細閱讀後發現，其中還包括一些在1025 年的時間點不可能知曉的內容，因此現在普遍認為，《大鏡》的完成時間大約比這晚 40 至 90 年。

　　作者也不詳，但據內容推測，可能是地位與藤原北家（藤原四家[37] 之一，房前的後代子孫）或其親戚村上源氏相近的男性貴族。後世提出多名可能的具體人選，但近年來，眾人推斷，作者最有可

---

37 由藤原不比等的 4 個兒子開創的藤原四家：南家藤原武智麻呂、北家藤原房前、式家藤原宇合、京家藤原麻呂。藤原不比等為藤原鎌足次子，其父鎌足承天智天皇賜姓「藤原」，後文武天皇下詔：「先朝所賜藤原朝臣之姓，由其子不比等繼承。」

能是身為歌人的源顯房。

概要　超長壽老人的談話內容

　　《大鏡》（世繼物語 [38]）以對話形式寫成，描述 190 歲的**大宅世繼**與 180 歲的**夏山繁樹**，在京都寺院雲林院相遇。這**兩位超長壽老人**一見如故，各自講述自己終其一生所見證的歷史事件。還有一名年約 30 歲的**年輕侍從**，在一旁聽講，偶爾插嘴提出評論。《大鏡》的開頭相當有名：「日前，余前往雲林院菩提講 [39] 參拜，見二翁與一嫗，恰巧同坐。二翁高齡，異於常人。」

　　兩位老老先生的對話內容橫跨 176 年，從嘉祥 3 年（850 年）文德天皇即位開始，談天說地的聊到後一條天皇統治的萬壽 2 年

---

38 記述歷代帝王事蹟的故事。
39 法華經法會。

（1025 年）。兩人將這段期間的朝廷歷史，重點擺在藤原道長的一生。藤原道長生於藤原北家，是貴族世家的藤原四家中最有權勢的攝關家族。尤其藤原道長身為天皇外戚，手握大權。

《大鏡》的整體格式採用中國史書《史記》等中常見的**紀傳體**。紀傳體的架構，將歷史洪流分為「**本紀**」與「**列傳**」兩部分。本紀記載皇帝、國王等統治者的治理事蹟，列傳則記述文武官員為國貢獻的一生。

然而，《大鏡》中關於天皇的記述甚少，大多著重在藤原北家和道長的敘述。《大鏡》的傳抄本有 3 卷、6 卷與 8 卷 3 種版本。在 6 卷的傳抄本中，第 1 卷內容包括〈序〉，介紹上述二老初次會面的情況，以及記述天皇事蹟的〈帝紀〉，剩餘 5 卷則是藤原北家的〈列傳〉，尤其在第 5 卷與第 6 卷，詳細描述道長的生平事蹟。

由此可見，《大鏡》作者對於書寫藤原北家與道長一事，傾注了相當大的心力。

關注 對藤原道長採取批判的態度

《大鏡》作為一部歷史故事，最大特徵在於以**批判性的眼光**，闡述本書主角藤原北家與道長的種種事蹟。《榮花物語》與《大鏡》同一時期完成，同樣是歷史故事，但內容過於**推崇**藤原道長，後人對其評價不高。

相形之下，《大鏡》富有批判精神，至今仍受到高度評價，奠定其作為一流古典文學的地位。

影響 孕育「四鏡」的誕生

《大鏡》以不同於正史的方式，對歷史提出批判，影響巨大，

後人相繼仿效，促成《今鏡》、《水鏡》、《增鏡》這 3 部歷史故事的誕生。這 3 部作品皆沿襲《大鏡》的敘事架構，借高齡老翁之口，講述歷史故事。

《今鏡》寫於平安時代末期，所述內容從萬壽 2 年（1025 年）後一條天皇開始，到高倉天皇治理，涵蓋 146 年歷史；完成於鎌倉時代初期的《水鏡》，則是講述《大鏡》以前的時代，從第 1 代神武天皇橫跨到第 54 代仁明天皇；《增鏡》寫於室町時代，從後鳥羽天皇誕生的治承 4 年（1180 年），到元弘 3 年（1333 年）後醍醐天皇返回京都，記述約 150 年歷史。

《大鏡》、《今鏡》、《水鏡》、《增鏡》合稱「**四鏡**」，有時亦統稱為「**鏡物**」。其中，《大鏡》依舊是公認最為傑出的歷史故事。

伊藤老師短評

說到背誦技巧，在上古文文學史時，基本上我們會教學生以「大今水增（日文音同「大根水增」，意思是蘿蔔水增加）」的方式，來背誦「四鏡」完成的先後順序；在準備難度更高的日本史時，還必須掌握書中歷史年代的先後是「水大今增」。《水鏡》講述的是比《大鏡》更早期的神話時代的故事，《增鏡》談及承久之亂及鎌倉幕府滅亡等重要歷史事件。這些在補教業，都是大家耳熟能詳的著作。

今昔物語集

こんじゃくものがたりしゅう

以印度、中國和日本為背景的
故事集

作 不詳	年 平安時代末期
數 31 卷	分 說話集

 ## 背景 作者無疑是佛教智慧王

　　《今昔物語集》是一部**說話集**，普遍認為完成於平安時代末期。「說話」指的是自古流傳下來的民間故事和傳說。平安時代前期的佛教說話集《日本靈異記》，是日本最古老的說話集。

　　本書實際完成時間不詳。根據書中所提及的事件和人物年代來推算，大約完成於 1120 年代到 1150 年代之間。這段期間正值白河上皇（法皇）與鳥羽上皇（法皇）統治的**院政時期**。

　　作者也不詳，無法確定是多人合作編纂，還是單人獨立創作。不過從內容來看，可推斷作者對佛教了解甚深，可能是東大寺或興福寺等奈良大寺院所屬僧侶。

　　此外，《今昔物語集》原本的書名也不可考。然而，每篇故事幾乎都以「今昔」（距今很久以前）為開頭，因此後世為方便起見，將之取名為《今昔物語集》。順帶一提，所有故事都是以「**故事便如此流傳了下來**」的句子做結尾。

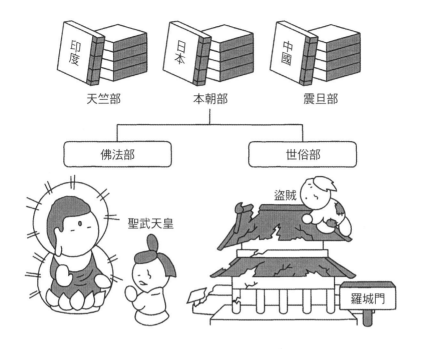

概要 了解平安時代末期的平民生活

《今昔物語集》共 31 卷，收錄 1000 餘則故事，但其中第 8、18 與 21 卷已散失。全書故事主要分 3 部分：以<u>印度</u>為背景的<u>天竺部</u>、以<u>中國</u>為背景的<u>震旦部</u>及以<u>日本</u>為背景的<u>本朝部</u>。

從結構上細分，第 1 卷到第 5 卷為天竺部，主要收錄釋迦摩尼佛（佛陀）生平和佛教教義的相關故事；第 6 卷到第 10 卷為震旦部，其中 6 到 9 卷是關於佛教傳入中國的淵源，以及在中國傳播過程中發生的故事。第 10 卷則收錄與佛教無關的奇聞異事，取材自中國史書或傳奇故事。

接著，從第 11 卷開始，是以日本為背景的本朝部，其中第 11

至 20 卷為佛法部，第 21 至 31 卷為世俗部。佛法部收錄了日本的佛教故事，世俗部則包含許多與佛教無直接關聯的各種民間傳奇，例如藤原氏列傳、藝能譚[40]、武士事蹟、妖怪變身、歌物語或愛情故事等。

對現代讀者來說，最有趣的部分，應該是本朝世俗部。例如，第 30 卷中有一篇故事十分有名，敘述花花公子平定文（又名貞文，即歌物語《平中物語》中的主人翁）愛上出生高貴的女子，他因無法放棄這段感情，偷偷溜進廁所，偷走女子用過的便器。

此外，世俗部收錄的故事，不僅談及貴族、僧侶、武士等上流階層，還包括農民、娼妓、盜賊等各個社會階層人物。因此，這些故事可說是了解當時世間百態的珍貴線索。

關注 留給後世的空白

《今昔物語集》的作者並非隨意創作，似乎是希望保存這些傳說，因此會盡可能的詳述故事發生的地點與人物身分。當作者也不清楚這些資訊時，他（們）會在文中以「今昔，在○○○國，有一名叫○○○的人」的形式，在未知的固有名詞處留白。

這表示作者期盼後人能填補這些空白，也因此，**《今昔物語集》的文本中含有故意遺漏的部分，使其成為一部獨一無二的作品**。

影響 對芥川龍之介影響深遠

芥川龍之介、菊池寬、堀辰雄及武者小路實篤等多名近代文學作家，都曾以《今昔物語集》為題材創作小說，其中芥川龍之介的《鼻子》、《羅生門》、《竹藪中》等作品最為著名。

《鼻子》取材自《今昔物語集》中的〈池尾禪珍內供鼻語〉，

---

40 娛樂性質的故事。

講述一名僧侶因鼻子大到可笑而痛苦不堪的故事。《羅生門》則以〈羅城門登上層見死人盜賊語〉的故事為基底，加入〈太刀帶陣賣魚姬語〉部分內容，描述平安時代荒廢的京城中，人們為了生存不得不與惡同流合汙的人性百態。《竹藪中》以〈具妻行丹波國男於大江山被縛語〉為題材，敘述一對夫妻遭盜賊襲擊的故事。每個登場人物的證詞都因其立場而截然不同，使得真相撲朔迷離，是整部作品最具看頭的地方。

《竹藪中》在 1950 年由黑澤明改拍成電影《羅生門》，美國後來也重新拍攝。

伊藤老師短評

《宇治拾遺物語》編寫於鎌倉時代，作為《今昔物語集》的補充作品，兩本都是教科書中人人耳熟能詳的說話集。我個人很喜歡同時收錄在《今昔》與《宇治》中的〈五位〉（明明實現了多年願望，結果卻不如人意的故事），以及《宇治》中的〈小童裝睡〉（勸人切勿裝模作樣）等故事。〈五位〉後來由芥川龍之介改編為小說《芋粥》。

日本紀略

自六國史摘錄集結而成的
歷史書籍

作 不詳		年 11 世紀末葉至 12 世紀前後	
數 34 卷		分 國史	

 背景 正式書名不明確

　　《日本紀略》為歷史書籍，採編年體編製，編纂於平安時代，但實際的完成時期和編纂者皆不可考。此外，正式書名也不明確，有時亦稱《日本史紀略》、《日本史略》或《日本史類》。

概要 除六國史以外，還參考其他日記

　　本書的時間範圍，從神話時代到長元 9 年（1036 年）後一條天皇的統治時期。然而，亦有意見認為，編輯之初，並未包含神話時代的相關記述，可能是後人編入。

　　書中的記述，大多是節錄自《日本書紀》、《續日本紀》、《日本後紀》、《續日本後紀》、《日本文德天皇實錄》、《日本三代實錄》等統稱六國史的書籍，精簡摘要而成。不過，一些因政治因素而從六國史刪除的記載，反倒保留在《日本紀略》中，例如負責遷都至長岡京 41 的負責人藤原種繼遭人暗殺等事件。

---

41 今京都府向日市、長岡京市與京都市西京區一帶。

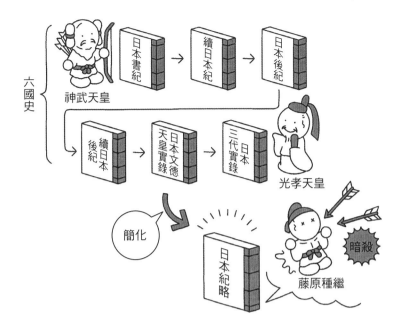

影響　過渡期的國史

六國史之後，朝廷便再無推動國家層級的正史編修計畫，記錄歷史的作用逐漸轉移到貴族、官員、僧侶等人書寫的日記上，《日本紀略》成為兩者之間的過渡橋梁。

伊藤老師短評

《日本紀略》的知名度並不高，但這部歷史書籍發揮了協調作用，化身渠道，巧妙的連結公私部門的意見。官方言論總免不了打官腔，盡說些理想的場面話；私人言論則太過貼近現實，闡述過度寫實的一面……我個人以為，《日本紀略》出奇的在這兩者間取得了平衡，但求自己也能如此。

偽史①

比「記紀」更古老的歷史書？

部分歷史書籍曾被認為是真實的「史書」，一段時間後，後世才發現是偽書，例如《先代舊事本紀》是一本記述從開天闢地到推古天皇的歷史書籍。序文中載明，該書寫於 622 年（聖德太子仙逝那一年），因此在室町時代以前，人們以為該書是日本最古老的歷史書籍，比《古事記》、《日本書紀》更悠久。然而，現代普遍認為，該篇序文是後世偽造，這本書實際完成於平安時代（始於 794 年）初期。不過，除了序文以外，書中內容並無可疑之處，因此作為平安時的歷史文獻，仍具有一定的參考價值。

日本古代史的相關書籍中，有兩本出名荒唐的歷史書，分別是《竹內文書》與《東日流外三郡誌》。宗教家竹內巨麿宣稱《竹內文書》為其家傳文書，於昭和 3 年（1928 年）公開展示。書中講述，日本在神武天皇以前，曾存在所謂的超古代文明。《東日流外三郡誌》則是古董商和田喜八郎在 1970 年代公開展示，稱古代東北地區曾出現大和王權壓迫人民的文明。這些書在公開之初，博得不少大眾信任，深信內容屬實，但現已證實兩本都是偽書。

從鎌倉時代到室町時代

平家物語

へいけものがたり

描述武家[1]名門鬥爭的
最佳傑作

作 不詳		年 鎌倉時代	
數 12 卷		分 軍記物語（軍記文學）	

概要 日本人深愛的「毀滅美學」

　　《平家物語》是一部軍記物語（軍記文學），描寫從平清盛之父忠盛時代，到壽永 4 年／元曆 2 年（1185 年）伊勢平氏在壇浦之戰中滅亡的戰爭故事，為日本古典文學代表作之一。

　　在現代，以「源平合戰」（治承・壽永之亂）為題材的電視劇和電影，通常都以本書作為編劇藍本。不過，源義仲（木曾義仲）和源義經等勇猛武士的神勇英姿，主要是本書後半部分的內容，前半部分聚焦在清盛與其嫡子重盛等朝廷內部的人際關係。

　　曾經盛極一時的平氏一族，在興盛到衰落的過程中所展現的「毀滅美學」，至今依舊令日本人為之著迷。

背景 江湖藝人琵琶法師們的傳唱

　　一般認為，《平家物語》最晚在鎌倉時代的 13 世紀中葉就已完成，但作者不詳。兼好法師在《徒然草》中寫道：「平家物語的

1　武家是日本歷史上，從平安時代後期至江戶時代掌握軍事權力的家族與世家門第的總稱。在江戶時代，武家指的是擁有官銜的武士家族。

作者信濃人，名前司行長，他將故事傳給名為生佛的盲眼僧侶，生佛四處說書傳唱。」這是目前最有力的論據。

《徒然草》中又進一步指出：「今日的琵琶法師，都在模仿生佛的敘事語調。」儘管兼好法師的說詞是真是假已無從考據，不過為數眾多的琵琶法師，本身也是浪跡天涯的江湖藝人，以演奏琵琶為生，奔走四方。他們以獨特的說書方式，將《平家物語》傳播到日本全國各地。

關注 本書的根柢是佛教的無常觀

「祇園精舍鐘聲響，訴說諸行本無常；沙羅雙樹花色顯，盛者必衰真理言。驕奢淫逸不長久，彷彿春宵夢一場；跋扈霸道終覆滅，恰如風前塵土揚。」

相信許多日本人在學校的國文課，都曾經背誦過《平家物語》

這段話。「祇園精舍」是實際存在於印度的寺院，「諸行無常」和「盛者必衰」皆為佛教術語。本書蘊含佛教思想，包括無常觀，以及驕奢者終將滅亡的因果法則，可說是貫穿全書的根本主題。

另一方面，《平家物語》還引用了中國古典著作，包括五經（《詩經》、《書經》、《易經》、《禮記》、《春秋》）及《貞觀政要》等典籍，且書中不時反映儒家思想，這一點在平重盛的描述最為明顯。重盛面對主公後白河上皇（法皇）時盡「忠」，面對父親清盛時盡「孝」，夾在兩者之間，使得重盛身心俱疲，不久後因病去世。

在《平家物語》中，重盛是正派人物，秉持儒家思想，遵循道德倫理，擁有良知與常識，清盛則被塑造成一個目中無人的反派角色。重盛是唯一可以勸阻清盛之人，他的死，使得平家一族逐步邁向滅亡。

接著，後半段開始展現軍記物語應有的風格，源義仲（木曾義仲）和源義經一一登場，將故事推向高潮。其中，在一之谷之戰的「鵯越懸崖奇襲」中，義經騎馬從鵯越的陡峭懸崖上，直衝向下，是本書最經典的場景之一。

然而，九條兼實在日記《玉葉》這本一手史料中，沒有任何關於懸崖奇襲的記述，因此有部分看法認為，實際上並沒有發生這件事。除了懸崖奇襲，《平家物語》中有不少誇大虛浮的場面，作為歷史資料使用時，須謹慎查證。

不可諱言的，這些言過其實的情節，增強了本書的故事張力。義經指揮軍隊，猶如神靈附體般下達指令，在屋島之戰、壇浦之戰等戰役中，連連奪勝，但在那之後，他卻也和平家一樣，走向窮途末路。不論是與兄長賴朝的決裂，還是被列為通緝目標的指令，都在在顯示「盛者必衰」的道理。《平家物語》至始至終都是一部充滿佛教無常觀的作品。

<mark>影響</mark> 版本眾多，內容和篇幅都大相逕庭

　　《平家物語》是日本最著名的古典文學之一，後來產生了無數的不同版本。這些版本，主要分為「說書本」與「讀本」兩大系統。

　　說書本是琵琶法師們在傳唱時的劇本，共 12 卷，但有部分例外。其中在南北朝時代，琵琶法師明石覺一於應永 4 年（1371 年）命其門生編撰的《覺一本》，是目前最廣為流傳的說書本。

　　另一方面，讀本則如字面意思，主要供人閱讀，而且對賴朝等東國武士動向，有著更詳細的介紹，可說是讀本的另一個特色。因此，讀本的字數也比說書本龐大，其中最具代表性的讀本作品《源平盛衰記》共有 48 卷。

　　除了版本眾多，還有許多其他作品深受《平家物語》的影響。諸如同樣是軍記物語的《曾我物語》、《太平記》和《義經記》，在架構上，都可明顯看出受到《平家物語》的影響。

　　此外，《平家物語》的各個情節時常被融入能、歌舞伎、人形淨瑠璃（今日的文樂）的創作中，尤其是能劇，目前有 80 多首曲目取材自《平家物語》。

伊藤老師短評

　　《平家物語》中的壇浦之戰，根本是著名台詞的大合輯，例如平知盛的「該看的都看盡了」，還有平時子（二位尼，抱著時年 7 歲的孫子安德天皇縱身跳海自盡）的「浪下亦有帝都」，都是無人不知的經典台詞。其他還有平經正擔任討伐源義仲的副將軍，沿著北陸道追蹤途中，在琵琶湖上的竹生島中的都久夫須麻神社前殿彈奏琵琶，那一幕的風情雅致，堪稱一絕。

愚管抄

根據道理的概念
記錄政權的變遷

作 慈圓	年 鎌倉時代前期
數 7 卷	分 歷史書籍

概要 作者是天台座主慈圓

　　歷史書籍《愚管抄》的作者為天台座主（比叡山延曆寺天台宗山門派的最高主事者）慈圓（慈鎮），他同時也是關白九條兼實的弟弟。

　　全書共 7 卷，第 1 卷至第 2 卷為年代記，記述第 1 代神武天皇到第 84 代順德天皇的事蹟，第 3 卷至第 6 卷記錄當朝發生的歷史事件，第 7 卷為論說，根據「道理」（事情的真理）的概念，說明歷史變遷。書名的「愚管」，意為「拙見」。

背景 平安末期是日本歷史上的重大轉折

　　慈圓生於久壽 2 年（1155 年），是關白藤原忠通的第 11 個兒子。他的父親和兄長，包括基實（近衛家始祖）、兼實（九條家始祖）等眾多兄弟都曾經擔任過攝政、關白、太政大臣和左大臣等職位。慈圓生於攝關世家，他所著作的《愚管抄》可視為朝廷編撰的官方歷史書籍。

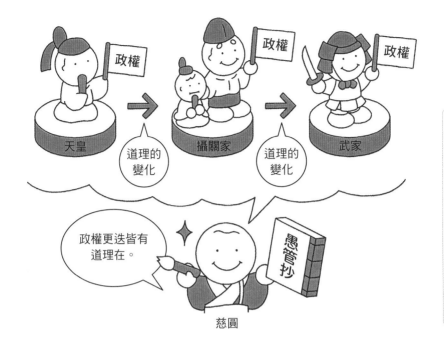

　　慈圓出生後第 2 年，也就是保元元年（1156 年），京都爆發**保元之亂**，慈圓的父親忠通也牽涉其中。這場鬥爭起因於皇室（後白河天皇和崇德上皇）和攝關家（藤原忠通和藤原賴長）內部分別出現對立，導致親族之間分裂成敵友兩派。皇室與攝關家個別動員桓武平氏與清和源氏的武士，展開激烈抗爭，最終由「後白河天皇與藤原忠通」陣營取得勝利。這場內鬥的結果，使得人們意識到武家在朝廷上已成為一股不可或缺的力量。

　　3 年後，平清盛在平治元年（1159 年）的平治之亂中擊敗源義朝，鞏固自己在後白河院政下的重要地位。仁安 2 年（1167 年），清盛任太政大臣，掌握朝中實權。之後歷經源平合戰，源賴朝創立鎌倉幕府，成為日本歷史上第 1 個正式的武家政權。

儘管慈圓沒有實際參與這一系列的鬥爭，卻也在最近的距離下見證了日本歷史的重大變革。

關注 武家政權的誕生，源於道理

慈圓對歷史的解讀主要基於兩種思想，其一是**佛教的「末法思想」**。末法思想將釋迦（佛陀）去世（圓寂）後的世界分為 3 階段。

第 1 階為「正法」，歷時千年。在此階段中，釋迦教義獲得正確傳承，人們可透過修行開悟而得證，屬三者具足的時代。

第 2 階為「像法」，同樣歷時千年，為正法後第 1001 年到第 2000 年。釋迦教義得以傳承，但人們即使修行，也逐漸無法證悟。

第 3 階為「末法」，自第 2001 年開始，直到萬年，這段期間僅存釋迦教義。在日本，一般認為永承 7 年（1052 年）是末法時代的開始。平安時代末期戰爭、傳染病接連不斷，正可謂末法時代。

慈圓的另一個思想基礎，是**神道的「祖神冥助」**（冥助意指「無形的援助」）的概念。皇室祖先為天照大御神，供奉在伊勢神宮的內宮，慈圓等人的藤原氏祖先則供奉在春日神社的天兒屋命（春日大明神）。尤其在藤原氏的觀念裡認為，藤原兩家過去發生的種種事件，都是兩家的象徵——中大兄皇子（天智天皇）與中臣鎌足（藤原鎌足）這兩尊神祇溝通後的結果。

慈圓根據這兩種思想，依循「道理」的概念來解釋過去歷史的演變。

慈圓所述的「道理」，並非固定不變，而是會隨時代變動。這是其論述的一大特色，而且受佛教無常觀（非永恆不變）支持。因此，在《愚管抄》中，即使是悲慘事件，也會得到正向的肯定，認為是「其乃因道理改變而發生」。

然而，慈圓的「道理」並非無限制的套用。每一個道理都是建立在更大範圍的道理之上，也就是神的冥助。

慈圓認為，平氏或源氏等武家取代天皇、攝關家，取得政權，乃天經地義。鎌倉幕府在源賴朝嫡傳 3 代後便停止世襲，迎來攝關家（藤原氏）出身的將軍，慈圓死後更出現來自皇族（親王）的將軍。這是天照大御神與天兒屋命，再加上源氏氏族的守護神八幡神，三神共同商議的結果，亦即幕府的統治也是符合道理。

如此一來，**後鳥羽上皇**在承久 3 年（1221 年）與幕府對抗，引發「承久之亂」，便違反了這個道理。據說，**《愚管抄》大約在戰爭爆發前 1 年寫成，目的是為了獻給後鳥羽上皇，勸阻他出兵**。而且在戰後，慈圓似乎更堅信「自己的想法果然正確」，據此信念，進行了額外的補充修訂。

影響 日本中世紀最重要的典籍之一

普遍認為，《愚管抄》對北畠（音同甾）親房的《神皇正統記》及新井白石的《讀史余論》（見 192 頁）影響深遠。在現代，《愚管抄》與《神皇正統記》並列為日本中世紀最重要的歷史書籍。

> **伊藤老師短評**
>
> 《愚管抄》中斷言，保元之亂以後，局勢已轉為「武者之世」（武士統治的世界），是平安末期到鎌倉前期重量級的歷史資料；末法思想貫穿全文，可謂是日本最古老的歷史哲學書。慈圓將歷史視為「道理」的發展，透過委婉的語意，試圖勸諫後鳥羽上皇放棄推翻幕府的計畫，以免傷其自尊。如此用心良苦，身兼公武溝通橋梁，不愧是孕育出鎌倉幕府第 4 代、第 5 代將軍的九條家族人……

方丈記

ほうじょうき

遠離塵世的
隱士文學鼻祖

作 鴨長明	年 建曆 2 年（1212 年）
數 不明	分 隨筆

 背景 寫於一丈見方的草庵

　　鴨長明生於平安時代末期的久壽 2 年（1155 年），為家中次男，父親是京都賀茂御祖神社（下鴨神社）神官。成年後，長明也試圖爭取神官的職位，但因親屬阻擾而受挫。儘管後鳥羽上皇居中調停，他最終還是在 49 歲時出家隱遁。

　　在那之後，長明於東山和大原隱居數年，後來在 56 歲那年，也就是建曆元年（1211 年），於日野山（京都市伏見區）建了一戶小小草庵，從此定居在此。在隱居的日子裡，長明將自己對當時社會的觀察記錄下來，這些紀錄文獻，便是我們所熟知的《**方丈記**》。書名的「方丈」，意指「一丈（約 3 公尺）見方」的大小，暗指長明居住在狹小的草庵中，一邊隱居避世，一邊寫下這本隨筆。

　　本書全文若換算成 400 字稿紙，約 20 多張。這在古典文學中，算是相當短篇的作品。

　　關於完成時間，由於文末寫道「時建曆二年，三月最終日，僧

侶蓮胤，記於外山草庵」，因此一般認為本書完成於建曆 2 年（1212
年）。長明在這 4 年後去世，享年 61 歲。

概要 **平安時代末期的災害紀錄**

　　《方丈記》記載了當時發生的眾多災害，以及治承 4 年（1180
年）平清盛遷都福原京（即現在的兵庫縣神戶市，因不敵反對聲浪，
5 個月後遷回平安京，也就是現在的京都市中心地區）等重大政治
事件，另外還包括長明在隱居生活中的日常體悟。全文以漢字與假
名混合的和漢混淆文寫成。

　　書中對火災、天災、飢荒的描述非常生動詳細。因此，《方丈
記》成為了解當時民生概況的珍貴紀錄，包括安元 3 年（1177 年）

京都發生的「安元大火」；治承4年（1180年）同樣發生在京都的「治承龍捲風」；養和年間（1181年到1182年）長達兩年的「**養和飢荒**」，使得西日本飽受飢荒之苦，日本全國死亡者眾多；以及元曆2年（1185年）造成京都等地災情慘重的「元曆地震」。

關於元曆地震，《方丈記》中記載：「慘狀絕非世間常情。山崩塞河，海湧吞陸。」有看法認為，句中的「海」，並非當時普遍以海為代稱的琵琶湖，而是實際上有海嘯襲擊京都。

此外，鴨長明在《方丈記》中也記述了人生哲學。長明在文中鼓勵多活動身體，多走路以保持健康；在衣食方面，他主張粗衣布履，粗茶淡飯即足矣。

▶關注 「無常觀」貫穿全文

在隨筆全篇，可以感受到長明在傳達一種「**無常觀**」的感觸，因此《方丈記》亦被稱為「無常觀文學」。「無常觀」是一種佛教思想，意指世間萬物始終不斷變化，沒有永恆不變之物。

平安時代後期，自永承7年（1052年）以降，佛教逐漸式微，社會傾頹，許多人認為當時為末法之世，這種想法稱為「末法思想」。因此，當時的人們，不分貴族平民，開始漸漸懷有無常思維。

此外，長明前半生不幸的遭遇，以及保元之亂和平治之亂後，貴族（宮廷）衰落，同時間再加上武士（武家）勢力崛起，建立鎌倉幕府，如此動盪的時代背景，在在加深了《方丈記》的無常觀色彩。

《方丈記》中著名的開頭文：「**江流不息，滔滔不絕，已非初始之江水**。水面氣泡，或散或聚，永不恆定。世間眾人與居所，亦復如是。」這段意思是：「河水奔流不息，但流動的水已不是原來

的河水。浮在水面上的氣泡，消失又出現，周而復始，從不久留。這世上的眾生和其住處，都是如此。」其中所描述的人生與世間萬物的虛幻短暫，正可謂無常觀之精隨所在。

影響 因東日本大地震，再次備受矚目

《方丈記》是日本最具代表的隨筆文學之一，與清少納言的《枕草子》和吉田兼好的《徒然草》並列為「（古典）日本三大隨筆」。

《方丈記》現存多種傳抄本，其中最古老的傳抄本是京都大福光寺收藏的大福光寺本。關於大福光寺本，有人說是鴨長明的手稿，但亦有人持反對意見。其他的傳抄本包括前田家本、一條兼良本、嵯峨本等，每個傳抄本的內容和記述都略有不同。除此以外，還流傳過精簡摘要的簡略本，其中的內容刪除了長明所經歷的災害描述。

《方丈記》跨越時代，成為眾人愛戴的重要讀物，到了現代，尤其在 2011 年東日本大地震以後，再次引起人們的關注。這或許是因為《方丈記》中有關災害的紀錄，以及長明的無常觀，引起許多人的共鳴。

伊藤老師短評

在觀賞音樂劇《貓》時，當我聽到「別忘了，貓不是狗」這句台詞，職業病突然發作，聯想到《方丈記》的開頭……總之言歸正傳，《方丈記》的篇幅出奇的短。人在失意中隱居寫作，照道理通常會忍不住洋洋灑灑一大篇，以抒發己志，但《方丈記》言簡意賅，只著墨在重點。稱其為名著，實至名歸。

新古今和歌集

後鳥羽上皇的
御製和歌集

作	藤原定家、藤原家隆、源通具、六條有家、飛鳥井雅經、寂蓮	年	元久 2 年（1205 年）
數	20 卷	分	歌集

 背景　後鳥羽上皇投入畢生心力的和歌集

　　平安時代末期，宮中歌壇成為六條家與御子左家這兩大藤原氏家族相互較勁的場合。然而，六條家的藤原清輔去世後，御子左家的藤原俊成在歌壇的影響與日俱增，後來奉命編撰《千載和歌集》，這是繼《古今和歌集》之後的第 7 部御製和歌集。

　　《新古今和歌集》則是於鎌倉時代初期，由俊成之子**藤原定家**主持編纂的御製和歌集；下令編書之人，正是建久 9 年（1198 年）禪讓後成為上皇的後鳥羽上皇。

　　後鳥羽上皇親自挑選編纂人選，除定家以外，還招攬**藤原家隆**、源通具、六條有家、飛鳥井雅經、寂蓮等人，共計 6 名。然而，寂蓮在編纂過程中去世，因此實際的編纂作業推測是由其他 5 人協力完成。此外，後鳥羽上皇對《新古今和歌集》的編製付出了極大的心力，不僅在上皇御所 ² 設置專用的編纂所「和歌所」，他本人亦親自參與和歌的篩選。

2　御所是天皇或皇室主要成員之住所。

西行
縱不解風情
仍感意中趣
塘間鷸紛飛
深秋夕陽斜

藤原定家
海濱無花影
楓紅亦無蹤
唯見陋室外
深秋夕陽斜

寂蓮
孤寂非其色
由來無定處
松柏立山巒
深秋夕陽斜

　　據說，**元久 2 年（1205 年）**，《新古今和歌集》大抵上已初步完成，但後來歷經 10 多年的修改，最終在建保 4 年（1216 年）才正式結案。

　　此外，承久 3 年（1221 年），後鳥羽上皇與其子順德上皇等人聯手試圖推翻鎌倉幕府，引發承久之亂，但以失敗告終，最後被流放到**隱岐國**（今島根縣隱岐諸島）。上皇即使來到流放地，仍舊持續修訂《新古今和歌集》，此即為後來的「隱岐本」。

概要 西行、定家與寂蓮的「三夕和歌」

　　關於《新古今和歌集》的架構，首先是真名序與假名序的序文，接著按不同主題分類，如四季之歌、戀愛之歌等。在編輯選歌方面，主要從《萬葉集》與過去的御製和歌集中未收錄的和歌進行挑選。

根據這一大原則，總計收錄約 2000 首和歌，歌人共 396 人。

其中收錄數量最多的，是平安時代末期到鎌倉時代初期的僧侶歌人**西行**的作品，共 94 首。包括後鳥羽上皇在內，當時西行的詩歌深受眾人喜愛。

本歌集中所收錄的西行作品，以「縱不解風情，仍感意中趣；塘間鷸紛飛，深秋夕陽斜」最為著名。這首和歌也是《新古今和歌集》中，以「深秋夕陽斜」為結語的「三夕和歌」中的名歌之一。三夕和歌的其餘兩首分別是藤原定家的「海濱無花影，楓紅亦無蹤；唯見陋室外，深秋夕陽斜」，以及寂蓮的「孤寂非其色，由來無定處，松柏立山巒，深秋夕陽斜」。

此外，式子內親王的「櫻花散盡時，美景難再逢；望外不禁嘆，春雨綿綿縫」，及後鳥羽上皇的「情深麗人忘，唯袖驟雨知；無情山間月，高處照蕭郎」等，也是非常著名的和歌。

關注 八代集中最後一部作品

自 10 世紀初，天皇諭令編纂和歌集《**古今和歌集**》以來，陸續出現《**後撰和歌集**》、《**拾遺和歌集**》、《**後拾遺和歌集**》、《**金葉和歌集**》、《**詞花和歌集**》、《**千載和歌集**》及《**新古今和歌集**》等御製和歌集，統稱為**八部御製和歌集**，簡稱**八代集**。普遍認為，後鳥羽上皇在下令編纂時，心中亦有期許，希望《新古今和歌集》能成為前 7 部御製和歌集之集大成之所在。

《新古今和歌集》中所收錄的和歌，整體特色在於重視**唯美**、**幻想**、**象徵**及**技巧**。此種風格，稱為「**新古今調**」。在歌集中，「新古今調」與《萬葉集》的「萬葉調」、《古今和歌集》的「古今調」並列，構成日本三大歌風。

影響 對現代短歌亦有深厚影響

「新古今調」繼承以《古今和歌集》為代表的平安時代宮廷文化傳統，同時又<u>展現獨特的美學世界</u>，不單影響後世的和歌，對連歌、俳句、謠曲[3]亦有深遠的影響。

然而，近代以來，世人對其評價褒貶不一。明治時代歌人兼俳句詩人正岡子規，主辦根岸短歌會，推動短歌革新運動。子規在歌論《給詩歌讀者的書》中，批評《古今和歌集》過度追求技巧，根本是一本「乏善可陳集」。《新古今和歌集》雖然比《古今和歌集》來得好一些，但佳作少之又少。在此同時，子規大為讚賞《萬葉集》的率真和寫實。

然而，另一方面，在明治時代到昭和初期十分活躍的歌人兼詩人北原白秋，對《新古今和歌集》則給予了高度評價，稱其中所收錄的和歌是「日本短歌最具象徵意義的藝術」，讚譽為「日本詩歌的主流」。

即使到了現代，包括塚本邦雄等前衛歌人在內，《新古今和歌集》對昭和後期到平成時代的歌人影響依舊深遠。

伊藤老師短評

文中提及的藤原清輔、藤原俊成、藤原家隆、西行、寂蓮、式子內親王、後鳥羽上皇、順德上皇，他們的和歌都被藤原定家選錄在《小倉百人一首》之中（當然也包括定家自己的作品）。雖然個人認為正岡子規就算喜歡《萬葉集》，也不必說得那麼難聽，但也只能說，《古今和歌集》和《新古今和歌集》作為八代集的第 1 部和最後 1 部作品，影響就是如此巨大。

---

3 能樂的詞章。

元亨釋書

鎌倉時代的
第1部佛教通史

作 虎關師鍊	年 元亨 2 年（1322 年）
數 30 卷	分 歷史書籍

 背景 訪日高僧指出問題所在

　　《元亨釋書》由臨濟宗僧侶虎關師鍊撰寫，記述佛教自 6 世紀傳入日本後，一直到鎌倉時代後期這段約 700 年的日本佛教歷史。在此之前，日本沒有類似的著作。換言之，《元亨釋書》是**日本第1部佛教通史**。

　　據說，中國元朝高僧**一山一寧**訪日時，曾當面指出虎關師鍊的問題所在：「儘管你非常熟悉中國佛教歷史，但對日本佛教的歷史，卻知之甚少。」虎關師鍊經此提點，下定決心編纂《元亨釋書》。

概要 全書由「傳」、「表」、「志」三部分構成

　　本書共 30 卷，全書分為「傳」、「表」、「志」3 個部分。第 1 卷到第 19 卷的「傳」為僧侶傳記，介紹了約 400 名僧人的平生事蹟；第 20 卷到第 26 卷的「表」為日本佛教通史，以編年體記述；第 27 卷到第 30 卷的「志」為佛教文化志。

唐招提寺　鑑真

延曆寺　最澄

金剛峰寺　空海

建仁寺　榮西

影響 後世出現多本注釋書籍

《元亨釋書》在元亨 2 年（1322 年）完成後，呈獻朝廷。「釋書」意指「釋迦之書」。後來，陸續出現許多注釋書，如江戶時代的《元亨釋書和解》。

伊藤老師短評

虎關師鍊前往鎌倉建長寺拜訪一山一寧時，被問及日本佛教的事，卻無法給出完整答案。受此刺激，虎關師鍊回到京都後，開始提筆著述……我個人很喜歡這個著作背後的小故事。話說回來，我曾經在考卷上看到「股間試鍊[4]」這個沒禮貌的古怪答案，不過可以理解他大概是採用聯想記憶法來加深印象的吧。我以前讀男校，也是這樣學習過來的……

4　音同虎關師鍊，意思是「胯下試煉」。

吾妻鏡（東鑑）

あづまかがみ（あづまかがみ）

執權[5]北條氏編纂的
鎌倉幕府紀錄

作 不詳	年 鎌倉時代後期
數 52 卷	分 歷史書籍

概要 僅記載與鎌倉幕府有關的事件

《吾妻鏡（東鑑）》完成於鎌倉時代，是第 1 部武家編纂的歷史書籍。作者不詳，但普遍認為由三善氏或二階堂氏等鎌倉幕府直屬文官共同編纂。

本書所涵蓋時期，從以仁王頒布討伐平氏旨令的治承 4 年（1180 年）開始，到鎌倉幕府第 6 代將軍宗尊親王被迫離開鎌倉，返回京都的文永 3 年（1266 年）為止，記載了這 87 年間的歷史事件。

書中僅記載與幕府有關的事件，很少提及京都的局勢。因此，與其說本書是平安時代末期至鎌倉時代的歷史書籍，稱之為「鎌倉幕府的歷史書」，或許更為合適。

原稿在早期便已散失，因此無法確定原始卷數，目前《國史大系[6]》中所收錄的北條本，被視為相當於原稿的底本，共 52 卷（缺第 45 卷）。

5　鎌倉幕府的職位名稱，實際掌權的最高權力者。
6　日本在明治至昭和年間，曾先後 3 次對古籍進行校訂，並出版一系列的套書，稱《國史大系》。

背景　將幕府的制度和律法流傳給後世

　　《吾妻鏡》大量引用宮廷和寺院神社日記等過去文獻，包括作者的說明內容，全篇採用**日記體裁**（亦即編年體）敘事。由於參考文獻的完成時間橫跨多個年代，因此文體豐富，本書特有的偏日本風格的變體**漢文**稱為「吾妻鏡體」。

　　當時的日記並不像現代僅供書寫的本人閱讀，而是另有將家族歷史流傳給後代子孫的目的在。特別是宮廷，負有「有職故實[7]」的責任，將朝廷的制度、官職、例行活動、禮儀儀式等傳承給後世，因此日記也具有應用實例集的意義在。

　　一般認為，作為日本最早且正式的武家政權，**鎌倉幕府也同樣需要留下武家制度如何運作的實例供後代參考，於是便有了《吾妻鏡》的編纂**。

7　意指朝廷、公家和武家的法令、制度、風俗、習慣、官職、儀式、裝束等，必當遵照從古至今的典章規範，或是進行相關研究與考證。

關注 北條氏避之不談的過去

此外，編纂《吾妻鏡》的另一個目的，是為了彰顯**北條氏執權政治的正當性**。在《吾妻鏡》中，刻意醜化源氏三代的賴朝、賴家、實朝等人，並褒揚身為外戚的北條氏的事蹟。

書中包含許多與事實不符的記載，最著名的莫過於源賴家最後的下場。賴家生為源賴朝與北條政子的長子，後來成為第 2 代將軍，其岳父比企能員是當朝極有影響力的御家人[8]。賴家與妻子育有 1 子，名一幡。根據《吾妻鏡》的記載，比企能員為了剷除賴家的祖父北條時政（政子父親），不斷在將軍女婿的耳邊搬弄是非。時政得知此事後，於建仁 3 年（1203 年）9 月 2 日出兵，殲滅比企氏一族（比企氏之亂）。據傳，一幡亦受到牽連，慘遭祝融之殃。事件發生後，賴家將家主之位傳給胞弟千幡（實朝），出家為僧，不久後，於建仁 4 年（1204 年）7 月 18 日在修禪寺去世。關於賴家之死，《吾妻鏡》只留下簡短的記述：「據悉，昨十八日，左金吾[9]禪僧，於伊豆國修禪寺薨逝，享年二十三。」

但在另一方面，當時宮廷與僧侶留下的文獻，有關比企氏之亂的描述，卻與《吾妻鏡》大相徑庭。根據近衛家實的《豬隈關白記》和藤原定家的《明月記》，賴家並非死於建仁 4 年 7 月 18 日，而是建仁 3 年 9 月 1 日，也就是比企一族滅門的前一天。

慈圓在《愚管抄》中談及比企氏之亂的背後原因，稱這是時政害怕能員成為新將軍的外戚（母方的祖父），一手策畫的陰謀。此外，《愚管抄》還詳細記載了賴家死亡時的慘況。關於死亡日期，儘管《愚管抄》中的記錄與《吾妻鏡》同樣為建仁 4 年 7 月 18 日，卻也詳細記述了賴家悽慘的死狀：「賴家在沐浴時遭人砍殺，因未能即刻斃命，最後被掐住睪丸，凌遲致死。」

8　鎌倉時代，與將軍締結主從關係的武士。
9　即左衛門督傳自唐朝的名稱，源賴家曾任左衛門督一職，故以此職位稱之。

北條氏這些凶狠殘酷的暴行，在《吾妻鏡》中基本上是隻字不提，完美掩蓋。

影響 德川家康也熱愛閱讀《吾妻鏡》

《吾妻鏡》充斥著許多扭曲的事實，作為史料使用時，須小心謹慎，但書中記載了鎌倉幕府的制度設計，以及各種律法應用的實際案例，十分貴重。時至今日，《吾妻鏡》仍是研究武士社會時的重要資料。

「切不可因《吾妻鏡》中有記載，便輕易言信，但透過其中的紀錄，吾等可大致了解《吾妻鏡》所記述的時代。然而，《吾妻鏡》以外的年代，卻不知該從何處著手研究，摸不著頭緒。」

這段話出自明治大正時期的歷史學家原勝郎。由此可見，對當時的學者來說，《吾妻鏡》是何等珍貴。然而，並非只有近代和現代學者重視《吾妻鏡》。據傳，建立江戶幕府的德川家康也非常熱愛本書。鎌倉幕府除了御家人以外，為了區分出身源氏一族的家臣，另外稱之為「御門葉」。據說，家康便是據此設立「御三家」。

伊藤老師短評

宮廷四鏡（《大鏡》、《今鏡》、《水鏡》、《增鏡》）與武家的《吾妻鏡（東鑑）》形成鮮明對比。畢竟鎌倉幕府是由執權北條氏掌控，因此他們捍衛自己的地位，實屬正常。總歸來說，早已是源氏將軍外戚的北條時政，為了排除比企氏的新興勢力，竟不惜殺害自己的孫子（賴家）和曾孫（一幡），著實教人毛骨悚然……

百鍊抄

摘錄貴族日記彙編而成的
歷史書籍

作 不詳	年 13 世紀末葉
數 17 卷	分 歷史書籍

背景 書名取自唐詩

　　《百鍊抄》是一部從貴族日記摘錄彙編而成的歷史書籍。現存版本中所涵蓋的時期，從平安時代中期的安和元年（968 年）到鎌倉時代中期的正元元年（1259 年）。

　　儘管作者不詳，但普遍認為本書出自名望貴族之手。據說，書名的《百鍊抄》源自中國唐代詩人白居易的作品《百鍊鏡》。

概要 1 到 3 卷已散佚

　　《百鍊抄》共 17 卷，其中第 1 卷到第 3 卷已佚失，不復存在。第 7 卷中段以前的內容主要摘自藤原道憲（法名信西）著述的歷史書《本朝世紀》。藤原道憲為平安時代後期的貴族，出家後依舊擔任鳥羽上皇和後白河上皇的院近臣 [10]。第 7 卷中段以後，摘錄內容主要來自平親範、吉田經房及其後代子孫等貴族的日記。

---

10 在院政時期，服侍在君主左右的臣子。

影響 與《吾妻鏡》形成明顯對比

　　《百鍊抄》從貴族的視角撰寫,與同一時期以武家觀點撰述的歷史書籍《吾妻鏡》形成鮮明的對比。本書是了解當時京都社會情況的重要歷史資料,江戶時代後期刊行的校訂本,由國學家塙保己一進行校訂。

伊藤老師短評

假設在承久之亂中取得勝利的幕府武家的著作《吾妻鏡》為「正論」(thesis),那麼《百鍊抄》或許就是與之對立的朝廷宮廷所提出的「反論」(antithesis)。歷史研究往往具有辯證法的思辨氛圍,對某個事件蒐集眾多的歷史文獻和考古資料,相互對照、揚棄(antithesis)後,逐漸導向「合論」(synthesis)。接著如果又出現新的文獻或資料……

世界記述（東方見聞錄）

せかいのきじゅつ（とうほうけんぶんろく）

馬可・波羅備受爭議的作品

作 馬可・波羅		年 永仁 6 年（1298 年）	
數 234 章		分 紀行	

概要 小說家根據馬可口述撰寫而成的遊記

　　威尼斯商人馬可・波羅（Marco Polo）將日本介紹給歐洲，稱其為「黃金之國——日本國」。《世界記述（東方見聞錄）》是小說家魯斯蒂謙（Rustichello da Pisa）根據馬可的口述，記錄彙整而成的遊記。儘管兩人現在被歸類為義大利人，但本書是以法文撰寫。

　　《東方見聞錄》這個日本人耳熟能詳的書名，是當時翻譯成日文時所題名，在國外則以《世界記述》（La Description du Monde）的書名為人所熟知（即《馬可波羅遊記》）。

　　馬可從 1271 年到 1295 年，遊歷中東、中國、印度、東南亞等地。當時的中國，大部分地區由蒙古民族建立的王朝——元朝所統治。據傳，蒙古帝國第 5 代皇帝、也是元朝第 1 代皇帝（元世祖）的忽必烈，對馬可口中的「黃金之國」非常感興趣，因而導致鎌倉時代的兩次蒙古入侵（元寇）。

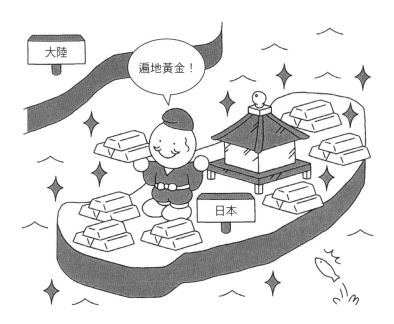

 背景 **受忽必烈重用長達 17 年**

　　據說，馬可‧波羅於 1254 年出生於威尼斯共和國（今義大利北東部）。馬可的父親尼科洛（Niccolò Polo）是一名商人，1260年開始旅行，並在旅行途中觀見了蒙古帝國的皇帝忽必烈。當時，尼科洛受忽必烈之託，將信件轉交給羅馬教宗，而他第 2 次旅行的目的，就是將教宗的回信交給忽必烈。

　　1271 年，尼科洛和弟弟馬費奧（Maffeo Polo）帶著 17 歲的馬可，從威尼斯啟程，歷經約 3 年半的時間，抵達元朝京師──大都（今北京）。

　　<u>馬可受到忽必烈的賞識，從此在元朝任官，擔任外交使節，往來中國各地，一待便是 17 載。不過，馬可從未造訪過日本。</u>普遍認為，「Zipangu」一詞是來自當時中國南方對「日本國」的發音，

「黃金之國」的說法也是中國民間流傳的傳聞。

1295 年，馬可時隔 24 年後返回祖國，持續從事經商活動，但在比薩與熱那亞爆發戰爭期間，遭**熱那亞俘虜**，在獄中與魯斯蒂謙相遇。於是，馬可在獄中閒聊自己在旅程中的所見所聞，魯斯蒂謙將之記錄下來，並於 1298 年完成《世界記述》。

關注 關於日本的描述，充斥著各種謬誤

據說，最接近原稿的傳抄本共 234 章，其中日本占了 3 章篇幅。

「日本國[11]是一座位於東海上的島嶼，距離大陸約 1500 英里。這座島嶼生產的黃金數量龐大，島上居民也是人人擁有大量黃金。由於日本國與大陸相隔千里，因此從來沒有商人試圖把黃金運出島外。這個國家有一座巨大宮殿，上面鍍滿了純金，就連地板和房間都由純金板打造，厚度達 2 指寬。」

正如前文所述，這段內容是根據中國人提供的消息寫成。至於日本為何被稱為「黃金之國」，原因不明，不過當時日本東北地區確實有金礦，所以有人認為「黃金宮殿」指的可能是平泉（今岩手縣平泉町）的中尊寺金色堂。

總之，忽必烈聽信了這段內容，因此入侵日本（元寇），《世界記述》中亦記載了蒙古入侵的事件。然而，蒙古入侵日本實際發生過兩次，分別是文永之役（1274 年）和弘安之役（1281 年），書中的記載卻只有一次。由於書中記載的時間與日方文獻記錄有所不同，因此無法斷定是哪一場戰役，但從「士兵被遺棄在孤島上」等描述，推測可能是弘安之役。

《世界記述》中接著敘述被遺棄的 3 萬元軍，最後登陸日本本土，攻陷城都。想當然耳，所述絕非事實。

---

11 原文是 Zipangu。為方便讀者理解，直接套用日本國一詞。

影響 勾起歐洲人的好奇心

話說回來，忽必烈聽聞黃金之國的傳聞後，便計畫攻打日本，這個說法本身相當可疑。畢竟根據日本方面的紀錄，忽必烈在1266年曾派使節前往日本要求進貢，可見他在遇見馬可之前，便已注意到日本的存在。

除了上述的描述以外，《世界記述》中還提及日本有食人肉的習性；總而言之，至少關於日本的部分，本書很難稱得上是可靠的歷史資料。

然而，書中介紹亞洲各國的珍奇文物和文化，**勾起了歐洲人的好奇心**。

熱那亞出身的克里斯多福·哥倫布（Christopher Columbus）是15世紀末的著名探險家、航海家。據說，他也十分熱愛《世界記述》這本書。他所翻閱的拉丁文譯本中，甚至寫滿了無數的筆記。本書也對日後的地理大發現產生了影響，此點無庸置疑。

伊藤老師短評

《世界記述》算是「儘管所有日本人（包括學生和研究員）都知道，但幾乎無人認真閱讀」的「經典」始祖吧？無論是歷史書、日記、哲學書或文學作品，相信大家都很樂意閱讀，但這本書卻完全被當成奇書觀賞。是說，一個義大利商人從中國人那裡聽到一些傳聞，然後把這些聽來的故事說給在監獄剛認識的牢友聽，對方還很認真的把故事記錄下來。這等荒唐的情況，當真令人匪夷所思……總之「既然要灌水，就必須灌好灌滿」！

徒然草

つれづれぐさ

近百年都沒沒無聞的
經典隨筆

作 兼好法師 （卜部兼好、吉田兼好）？	年 14 世紀初
數 2 卷	分 隨筆

 背景 真實作者和完成年代皆不詳

　　據稱，《徒然草》是**兼好法師**（卜部兼好、吉田兼好）於 14 世紀初完成的**隨筆**作品。據說兼好大約生於弘安 6 年（1283 年），其父卜部氏為吉田神社神官。兼好曾經在後二條天皇的宮中任官，天皇駕崩後，他在 30 歲左右出家，遂隱居避世。本書便是他在隱居中，對生活所感的隨筆紀錄。

　　然而，沒有人知道兼好的真實生平，也不確定他是否真的是《徒然草》的作者。亦有謠傳，室町幕府九州探題 12 今川貞世（了俊）為兼好的弟子兼好友。兼好死後，貞世將草庵中遺留的原稿，加以編修成《徒然草》。然而，沒有任何證據可以證明這一點。

　　實際上，《徒然草》完成後，幾乎無人知曉它的存在，這個情況大約維持了 100 年，相同時期的文獻中，也不見任何有關《徒然草》的討論。後來，在室町時代中期，一位名正徹的僧侶對本書產生興趣，自行抄錄，並以兼好的名義發表，向世人推廣。

---

12 探題是鎌倉和室町幕府的官職名稱，負責軍政要塞地方的執政與監督，位高權重。

基於上述種種因素，《徒然草》確切的完成時間也同樣不得而知，目前普遍認為在鎌倉時代末期的元德 2 年（1330 年）到隔年之間完成，但也有意見認為是在室町時代前期（南北朝時代）的正平 4 年／貞和 5 年（1349 年）左右完成。

概要 論人生、友情、愛情、佛教與自然

《徒然草》分上下兩卷，共 243 段。每段長短不一，有些只有短短數行，有些則是較長的篇章。內容涵蓋作者對人生、友誼、愛情、旅行、佛教修行和自然等各種主題的見解和感觸，文體採用和漢混淆文與以假名為主的和文交錯而成。

《徒然草》的書名取自該書著名的序文：「**閒來無事度終日**，面硯提筆，心之所向，筆之所往，言之無物，心思若狂。」其中「閒來無事」的日文是「つれづれ」（徒然），意思是「無事可做，閒得無聊」，整句話意思是：「終日無所事事，百無聊賴。對著硯台，漫無目的的隨筆寫下心中的想法，反倒覺得自己變得有點不尋常。」

除序文以外，第 8 段闡述「人因生命有限，所以耀眼奪目」的內容，亦廣為人知：「如化野露水不消，鳥部山灰煙不散，人長生而永居不滅，將是何等淒涼。人世無常，為其美妙之所在。見有生命者，多不及人長壽 [13]。」

值得一提的是，《徒然草》中也有提到當時的事件或人物。對於《平家物語》的作者，第 226 段中如此寫道：「信濃前司行長，乃平家物語作者，教盲僧生佛，令其傳述。」這是目前有關《平家物語》作者最古老的記載。

關注 書中所述內容，容易引起現代人的共鳴

《徒然草》所探討的主題相當廣泛，作者以敏銳的洞察力，分析當時的人們和社會。全書最基本的核心概念，與《方丈記》同樣是「**無常觀**」。

然而，本書的寫作風格既不呆板、也不陰沉，時而嘲諷、時而詼諧的筆觸，自由而豁達。因此，許多內容很容易引起現代人的共鳴。

影響 在江戶時代，成為繪畫題材

自從正徹介紹以來，透過其門下弟子歌人、連歌師等人的推廣

---

13 此句大意是：「人若像化野的露水永不消散，如鳥部山的煙霧永不散去，永遠居住在這個世界，對這世間事物的情感又將是何等空虛。正因人生無常，才顯得如此美妙。綜觀有生命的事物，沒有比人更長壽。」

傳播，《徒然草》逐漸廣為人知。尤其在江戶時代，由於書中的訓示對市井小民也相當淺顯易懂，因而大受歡迎，廣為閱讀，坊間開始流傳各種傳抄本。現存的傳抄本絕大多數都是來自江戶時代。

此外，在江戶時代開始盛行以繪畫方式呈現《徒然草》的內容。土佐光起、住吉如慶與具慶父子、海北友雪等當代知名畫家，紛紛以本書為題材繪製捲軸畫，其中又以海北友雪的「徒然草繪卷」最為著名。同時，適合平民閱讀的插圖讀本也開始大量生產，使得《徒然草》愈來愈普及。

《徒然草》在近現代也獲得高度評價。文藝評論家小林秀雄評論本書是「文學史上空前絕後，批判精神崛起的重大事件」。

伊藤老師短評

或許有人會疑惑「現在教科書不講吉田兼好，改稱兼好法師了嗎？」或是「《徒然草》的作者竟然是不確定的嗎？」誠如所見，確實如此。雖然有些大學教授會高高在上的告誡學生「我這麼說是為你們好，勸你們最好將高中的歷史教科書或參考資料保留下來」，但實際上，如果不是最新版本，這些資料通常沒什麼意義……

建武記（建武年間記）

けんむき（けんむねんかんき）

記錄建武新政實情的
歷史資料

作 不詳	年 14 世紀初
數 1 卷	分 紀錄

 背景 「建武新政」實施約 3 年來的所有紀錄

在「元弘之亂」中推翻鎌倉幕府後，後醍醐天皇自元弘 3 年（1333 年）開始親臨朝政，這就是所謂的「建武新政」。

天皇親政僅維持大約 3 年，這段期間頒布的法令和訴訟紀錄，後來被整理成《建武記》，亦稱《建武年間記》。本書作者不詳，但普遍認為是當時與法庭事務相關官員進行編纂。

概要 書中亦收錄《二條河原落書》

除了後醍醐天皇政權頒布的《綸旨遵行事》等法令，以及當時的訴訟紀錄以外，本書還收錄了著名的《二條河原落書》。

落書的意思是匿名的諷刺文，《二條河原落書》被張貼在當時的御所附近，鄰近二條富小路的鴨川河畔，開頭寫道：「近期京城盛行夜襲、強盜、假聖旨」，嘲諷的語調，犀利的反映出當時世道混亂，因而聞名。

影響 江戶時代的參考讀物

《建武記》（建武年間記）是了解建武新政實際情況的珍貴史料，亦收錄在江戶時代後期編修的《群書類從》等古典叢書中。

伊藤老師短評

儘管「建武新政」廢除院、攝關、幕府，揭示天皇親政的理想，但實際上是宮廷政治與武家政治的折衷方案，而且還存在嚴重的裙帶關係，根本是一團混亂！然而，後醍醐天皇本人卻無半點悔意，稱「今日慣例乃過去新儀，朕之新儀必為後世先例」（現有的常識在過去也曾經是創新，因此寡人的新制也必將成為後世的榜樣）。如此自我感覺良好，當真令人佩服。

神皇正統記

じんのうしょうとうき

南朝重臣對天皇
大膽諫言的歷史書籍

作 北畠親房	年 延元 4 年／曆應 2 年（1339 年）
數 3 卷	分 歷史書籍

概要 對天皇與幕府的主觀評論

　　室町時代早期的南北朝時代，就如字面上的意思，同時並存著南朝（吉野等地）與北朝（京都）兩個皇室，時間長達約 60 年。**北畠親房**是後醍醐天皇建立南朝後，備受重用的朝臣。《**神皇正統記**》完成於延元 4 年／曆應 2 年（1339 年），當時正值與北朝持續抗爭的年代。

　　本書是根據<u>南朝正統論</u>，記錄神武天皇到後村上天皇在位期間的歷史書籍，內容還包含親房對天皇和鎌倉幕府的主觀評價，因此亦可視為親房個人的歷史評論著述。

背景 「為了某童蒙所寫」

　　北畠氏出生名門望族，為村上源氏的後裔。親房年輕時曾經出家，但後醍醐天皇登基後，他便即刻還俗，受天皇提拔為心腹。

　　元弘元年（1331 年），後醍醐天皇為了打倒鎌倉幕府，起兵

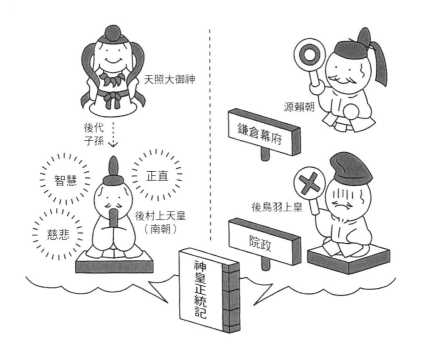

出征，獲得足利高氏（後來的尊氏）、新田義貞、楠木正成等人響應，打倒幕府。隨後天皇推動「建武新政」，親自執政。但後醍醐天皇只重用自己賞識的宮廷朝臣，此種施政方針，使得武家愈發不滿。

最終，足利尊氏舉兵反叛，於延元元年／建武3年（1336年）擁立光明天皇，於京都建立北朝。後醍醐天皇在大和國（今奈良縣）吉野興建南朝，南北朝時代就此展開。

元弘3年（1333年），親房開始輔佐陸奧將軍府（東北地方的政府機構）的義良親王（後醍醐天皇之子，後來的後村上天皇），為了擴大南朝勢力，轉戰東國（相當於今日關東、東海等地區）。

在這段期間，1339年，親房守在**常陸國**（今茨城縣）**小田城**

展開籠城戰（意指鞏固城池的圍城之戰），並在城中寫下《神皇正統記》。據說親房僅憑少量資料，便完成著作。其超凡的記憶力，令人驚嘆。

本書的傳抄本有多種版本，其中在「白山本」這份傳抄本的書末記載了本書著述的理由：「為了某童蒙所寫」。「童蒙」的意思是幼稚無知的孩子，一般推測是後醍醐天皇駕崩後即位的後村上天皇，或關東地區顯赫武家之子結城親朝。不過，現今的主流觀點認為，童蒙指的應該是後村上天皇。

關注 「慈悲、正直、智慧」三神器

「大日本者，神國也。天祖建基，日神長期連續統治。唯我國有此事，異朝所無，此故云神國也。[14]」

從第1卷開頭這段話，明顯可以看出本書是根據**伊勢神道思想**寫成。此外，北畠親房還深受儒教思想的影響，將皇位繼承象徵的三神器——慈悲（八尺瓊勾玉）、正直（八咫鏡）、智慧（天叢雲劍），視為三德之象徵，論述皇室血統應由德行高尚之人繼承。在《神皇正統記》中，並非無條件的一味歌頌歷代天皇和皇室成員，有時也會苦勸諫言，稱揚武家的奉獻，這一點可說是本書的一大特色。

例如，對於創建鎌倉幕府的源賴朝，親房讚賞：「平天下之亂，掃除皇室之隱憂，安撫萬民。」至於試圖推翻幕府的後鳥羽上皇，親房批評：「倘若天皇陛下德政，不比幕府出色，要想推翻幕府，談何容易？」或是「後鳥羽上皇意欲討伐幕府，時候未到，天意不允，無可置疑。」

後醍醐天皇在恩賞與任命上的偏私，引發武家怨言不斷，天皇卻充耳不聞。對於後醍醐天皇這種治理態度，即使貴為君主，親房

---

14 譯文參見香港中文大學日本研究學系教授吳偉明，近世水土論與《日本水土考》。https://www.ihs.ntu.edu.tw/web/publications/historical_in2.jsp?cp_id=CP1625457666356

也直言不諱，嚴厲批判。由此可見，他似乎是個講求公正且冷靜的
政治人物。

影響 親房的思想一直延續到明治時代

持續近 60 年的南北朝之爭，最終於 1392 年，以北朝合併南朝
的結局收場。儘管 15 世紀末葉，朝臣官員壬生晴富撰寫的《續神
皇正統記》中以北朝為正統，但後世學者大多認定南朝為正統，足
見《神皇正統記》的影響力之大。

例如，江戶幕府第 6 代與第 7 代將軍策士新井白石，在其著作
《讀史余論》中便經常引述《神皇正統記》，據以論述德川政權的
正統性。在德治主義中，為政以德的想法，是闡述將軍代替天皇掌
管政權的理論依據。

然而，到了幕府末期，尊王攘夷思想崛起，人們開始再次追求
以天皇為中心的統治世界。水戶藩的尊王論者，包括藤田幽谷、東湖
父子和會澤正志齋（會澤安）等人，將《神皇正統記》所陳述「天皇
統治永久續存」乃「日本應有之樣貌」的理念，稱為「國體」。親房
的思想對明治時代以後的皇國史觀，實實在在的產生了巨大影響。

伊藤老師短評

親房和顯家這對北畠父子，是後醍醐天皇與後村上天皇（前義良親
王）父子的忠臣。從《神皇正統記》的內容得以窺見，他們也一定
向天皇進諫了不少忠言逆耳的諫言。被當成「童蒙」的後村上天皇
讀完本書後，心中想必不是滋味：「為人臣子，真是敢言！」畢竟，
比起被騙，真話反而更讓人生氣……

太平記

たいへいき

結合儒家與佛教思想的
重磅巨作

作 不詳	年 14 世紀中期
數 40 卷	分 軍記物語

概要 生動描繪動盪時代的悲慘情狀

　　《太平記》描繪鐮倉時代末期到南北朝時代之間的戰亂故事，與完成於鐮倉時代的《平家物語》並列為**軍記物語**的代表著作。然而，《太平記》中描述了更多的戰爭場面，不僅生動描繪出足利尊氏與直義兩兄弟對抗新田義貞、楠木正成、北畠顯家等人之間的戰役，戰亂世界下的殘酷現實，更是躍然紙上。

　　全書共 40 卷（缺 22 卷），今日通常會根據內容，將之分為 3 個部分來分別討論。

　　第 1 部（第 1 卷至第 11 卷）講述後醍醐天皇即位到鐮倉幕府滅亡的時期，第 2 部（第 12 卷到第 21 卷）從建武新政到後醍醐天皇駕崩，第 3 部（第 23 到第 40 卷）描述「觀應擾亂」，即室町幕府的內部紛爭。正平 22 年／貞治 6 年（1367 年），第 2 代將軍足利義詮死去，其子義滿接任第 3 代將軍，原為執事的細川賴之就任管領 15，擔任幕府重要職位，故事在此落幕。

---

15 輔佐將軍之人。

背景 足利直義事先讀過草稿

本書作者不詳，不過亦在本書中登場的九州探題今川貞世（了俊），在其著作《難太平記》中提到，法勝寺僧侶惠鎮曾將《太平記》的草稿交給尊氏的弟弟直義，由天台宗僧侶玄慧朗誦給直義聽。此外，根據《洞院公定日記》的記述，亦有人認為本書作者是**小島法師**。不過，這部作品長達 40 卷，由此或許可以推斷，作者可能不只一人。

關於著述年分，普遍認為最遲在 1370 年代以前完成。

關注 後醍醐天皇是個度量狹小的君王

《太平記》序文寫道：「明君以德安國，良臣明其道以守社稷。

倘德才不備，雖居高位，亦不久矣。」這是以儒家德治主義治國的王道理論，也是貫穿全文的歷史觀。本書就是在此視角之下，講述戰亂時代下的歷史故事。

一般而言，《太平記》通常被認定是站在**南朝的立場來書寫**，但書中並未過度偏袒南朝，對後醍醐天皇也有所批判。儘管在部分情節，後醍醐天皇被描述為一名賢德兼備的楷模明君，但總體而言，天皇在書中的評價並不高，被譏諷：「以權謀和武力治國，心胸狹窄，政權撐不過 3 年」。

北條高時為鎌倉幕府第 14 代執權，也是最後一任得宗（北條直系當家），書中對他的評價也很低。第 1 部甚至指出，由於身為君主的後醍醐天皇與為人臣子的高時，雙方都缺乏德行，故而導致日後的紛亂與衝突。

除了儒家思想，從第 2 部開始，字裡行間也充滿了佛教的因果報應思想。

例如，延元元年／建武 3 年（1336 年），在多多良濱之戰中，足利尊氏在筑前國（今福岡縣）擊潰肥後國（今熊本縣）的武將菊池武敏。在這場戰役的敘事中，講述尊氏之所以獲勝，是因為他的善行獲得佛祖保佑，此乃因果報應。

「因果」一詞在第 3 部以後也經常出現。特別在第 35 卷〈北野通夜物語〉中描述，服侍南朝的日野僧正[16]賴意，側耳傾聽隱士、朝臣（宮廷）與法師三人的談話，聽他們闡述因果相關的諸多軼事。

「（儘管南朝也逐漸式微）昔日亂世，既非宮廷之過，亦非武家之失，全為因果所致。」聽聞法師一席話，賴意心中燃起希望：「此等亂世，終將歸於平靜」，接著轉身灑脫離去。

誠如以上，《太平記》每一部所著重的根本思想各有不同，這

---

16 僧官的最高職位。

就是為什麼一般會推測《太平記》由**多人撰寫**的原因之一。

影響 「太平記講讀」成為講談[17]的起源

就如同《平家物語》由琵琶法師朗讀推廣一樣，《太平記》也是透過口述的方式，在民間廣為流傳。室町時代，人稱「物語僧」的僧侶在街頭朗讀故事，到了江戶時代，更因此誕生「**太平記講讀**」的職業，後來演變成現代的講談師。

此外，在戰國時代，《太平記》也受到耶穌會傳教士的關注。《太平記》作為整個中世紀最受平民歡迎的讀物之一，可說是有效了解日本人和日本歷史的參考書目。因此他們特地整理出天主教版本的《太平記摘要》，作為教育傳教士的教科書。

到了江戶時代，歌舞伎和人形淨瑠璃的劇目，開始流行把集體自殺等事件轉換到以中世紀為背景的「歷史劇」。例如，以赤穗浪士（流浪武士）復仇為題材改編的《假名手本忠臣藏》也是一部歷史劇，其中吉良上野介的角色被轉換成足利家的執事高師直，淺野內匠頭則改為被師直誣陷而遭殺害的鹽冶判官。

伊藤老師短評

《太平記》促成講談這門文藝的誕生，今天才有講談師神田伯山的存在。若談起北朝立場的《梅松論》，就不可不提與其相對應的南朝立場的《太平記》。這會讓我不自覺的想起漫畫《北斗之拳》中的北斗神拳與南斗聖拳。漫畫情節也是「南」斗沙沙烏薩一派輕鬆的說著「小鬼你長大了！」，最後卻發現其實「北」斗更強大……

---

17 講談是一種說故事的說話表演藝術，為日本傳統藝文活動，類似中華文化圈常見的「說書」。

梅松論

ばいしょうろん

從北朝視角
描繪南北朝紛亂的歷史故事

作 不詳		年 14 世紀中期	
數 2 卷		分 軍記物語	

概要 故事從承久之亂到金崎城陷落

　　《梅松論》是一部軍記物語，描述鎌倉時代末期到南北朝時代前期之間的戰亂。大約在同時期完成的《太平記》，也是相同類型的作品，但《太平記》偏南朝立場，《梅松論》則是站在北朝足利幕府（後來的室町幕府）的角度來撰寫。

　　《梅松論》涵蓋的時間範圍亦與《太平記》有所不同，從承久3年（1221年）的承久之亂開始，到延元2年／建武4年（1337年）金崎城（福井縣敦賀市）淪陷為止。

　　本書作者不詳，不過從偏北朝立場的內容推斷，有人認為可能出自足利幕府內部成員之手，例如細川氏或少弍（音同貳）氏等人。關於完成年代也不確定，據推測應該在正平4年／貞和5年（1349年）左右。

 編纂目的是為了展示幕府的正當性

本書以足利高氏（後來的尊氏）為核心人物，描述南北朝之間的衝突。

儘管尊氏起兵反對後醍醐天皇的「建武新政」（1333 年到 1336 年），但為了避免成為違抗朝廷的叛軍，尊氏擁立光嚴上皇為盟主。其實自鎌倉時代中期開始，皇室便分裂成持明院統與大覺寺統兩大系統，持明院統的光嚴上皇與大覺寺統的後醍醐天皇相互對立。

延元元年／建武 3 年（1336 年），光嚴上皇的皇弟豐仁親王即位為光明天皇，建立北朝。同年，尊氏頒布成文法規《建武式目》，並於延元 3 年／曆應元年（1338 年）受封為征夷大將軍。

121

足利幕府於焉誕生，從此與後醍醐天皇興建的南朝持續展開鬥爭。

《梅松論》在著述當下，後醍醐天皇已然駕崩，但南北朝廷依舊並存。足利尊氏必須證明自己身為執政者的正當性，而本書正是為此目的所寫。

關注 對抗後醍醐天皇並非足利尊氏的本意

《梅松論》從頭到尾都在讚揚足利尊氏，展現完全的支持立場。

南北朝之爭始於 1336 年，其爭端源自建武 2 年（1335 年），北條高時之子北條時行，攻占尊氏之弟直義所在的鎌倉。

在這場「中先代之亂」中，尊氏違背後醍醐天皇的旨意，前往關東平息動亂。尊氏因違抗命令，深感愧疚，自行前往寺院閉門反省，不料新田義貞等來自京都的討伐軍隊卻已迅速逼近。

「直義若喪命，余亦不得苟活。違抗皇命，絕非本意。上天必知余心。」

尊氏說完這番話，遂舉兵反抗後醍醐天皇。《梅松論》中強調，尊氏舉兵，是為了拯救親屬，別無選擇，此舉絕無違背天意。

另一方面，關於後醍醐天皇的建武新政，書中提到，新政一開始，便引起武家諸多不滿。根據儒家的解釋，這全因後醍醐天皇失德而失天命。

本書在敘述完歷史事件後，還加注臨濟宗禪僧夢窗疏石對尊氏的人物評鑑，以下為其簡單摘要。

「現征夷大將軍尊氏，仁德兼備，德高望重。慈悲為懷，從不忌恨，笑抿仇恨，視敵如己出。」

《梅松論》論述，政權之正當性是源自主政者之德行及血統論

證，並強調尊氏的美德，藉以確立足利幕府的正當性。

影響 歷史價值更勝於《太平記》

《梅松論》與《太平記》內容相近，時間幾乎涵蓋同一時期。《太平記》全套完成的時間晚於《梅松論》，但有人認為《太平記》的前半部分比《梅松論》更早完成，因此《梅松論》的作者很可能參考過《太平記》。

此外，兩本書之間的部分內容存在著矛盾，在此情況下，通常以《梅松論》為準。《梅松論》有時會被視為歷史書籍，但《太平記》亦包含怨靈等情節，完全是虛構故事（Fiction），因此《梅松論》的歷史價值遠高於《太平記》。

然而，在現代，擁有高知名度的卻是《太平記》。在南朝正統論者水戶藩主德川光圀（音同國）帶頭編纂的《大日本史》中，《太平記》的核心人物楠木正成被塑造成英雄，尊氏則被視為叛徒，明治新政府也沿襲了此種評價，尤其在戰爭期間，尊氏更是飽受批判。直到戰後，人們才重新審視對尊氏的評價。

伊藤老師短評

人們自古將梅松視為吉祥的象徵，《梅松論》的書名便是以梅松比喻幕府成立的始末和足利一族的繁榮。我曾經在濱名湖供住的鰻魚店工作過一段時間，學到一些鰻魚飯等級的小知識。基本上①鰻魚飯的松、竹、梅等級，差別只在於分量大小，品質沒有差異；②松與梅的先後排名因店家而異（鰻魚店通常是「梅」的等級較高，但不一定）。總之，以松、竹、梅分級，就是比直接標示特上、上、普通要來得更有品味。

看聞御記（看聞日記）

かんもんぎょき（かんもんにっき）

皇族記錄室町中期的
社會情況

作	伏見宮貞成親王	年	文安 5 年（1448 年）？
數	44 卷	分	日記

背景　後花園天皇父親的日記

　　《看聞御記》是後花園天皇的父親**伏見宮貞成親王**的日記，正式名稱為《看聞日記》。這本日記從應永 23 年（1416 年）記錄到文安 5 年（1448 年），歷時 33 年。

概要　從政治、藝術到社會情況

　　《看聞日記》共 44 卷，其中日記共 41 卷，其他為御幸記 1 卷、別記 1 卷及目錄 1 卷。

　　內容涵蓋廣泛，包括長子彥仁王即位為後花園天皇前後的政治局勢，第 6 代將軍足利義教統治的室町幕府與守護[18]的動向，能、狂言等藝術相關記述，以及當時的社會情況。此外，義教殘暴寡恩，種種暴君作為，被伏見宮形容為「邪惡將軍」。

---

18 鎌倉幕府和室町幕府的官職名稱。

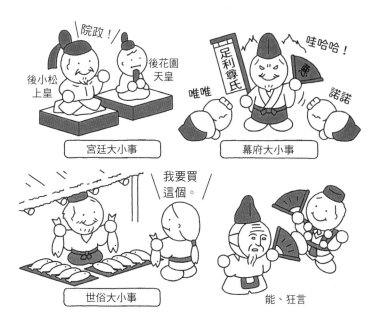

影響 親筆手稿現存於宮內廳

　　這本日記與醍醐寺僧侶滿濟的日記《法身院准后記》齊名，都是了解室町時代中期社會情況的重要歷史資料。

　　全套 44 卷中有部分佚失，但遺留下來的伏見宮親筆手稿，現今仍全數保存在宮內廳書陵部。昭和時代初期，宮內省圖書寮曾複製這份手稿，印刷刊行。

伊藤老師短評

室町幕府第 6 代將軍足利義教，人稱「抽籤將軍」、「萬人懼怕」。他在嘉吉之變（1441 年）中被赤松滿祐暗殺後，《看聞御記》對此事件的記述，相信大家都耳熟能詳：「自食其果，無力而為之。將軍如此白死，古來未有，聞所未聞。」從各大公司的學習漫畫和電視劇可以看出，他們都採用了各種歷史資料來描繪這一點。

善鄰國寶記

ぜんりんこくほうき

五山僧記錄的
外交關係文書集

作 瑞溪周鳳	年 文明 2 年（1470 年）
數 3 卷	分 外交史、外交文書集

背景 日本第 1 部外交史

　　《善鄰國寶記》是臨濟宗相國寺（京都五山的第 2 大寺院）僧侶**瑞溪周鳳**所記述的外交史和外交文書集，亦被稱作是**日本第 1 部外交史**。

概要 批評足利義滿的外交政策

　　本書分上、中、下 3 卷。上卷以編年體記述從古代到明德 3 年／元中 9 年（1392 年）之間，日本與中國和朝鮮的關係，以及僧人往來交流的外交史；中卷收錄應永 5 年（1398 年）到文明 7 年（1475 年），日本與中國明朝和朝鮮李朝之間的外交文書；下卷收錄永享 5 年（1433 年）到文明 18 年（1486 年）之間的外交文書。

影響 外交文書的製作範本

　　編寫外交文書，原本是朝廷官府的工作，但在室町幕府的武

家政權下，自第 3 代將軍足利義滿以後，外交文書開始交由擅長漢文的五山僧侶們撰寫。瑞溪周鳳曾負責書寫遞交給明朝皇帝的上表文，據說也是因此機緣，促成本書的編纂。

順帶一提，瑞溪周鳳在書中批評足利義滿，不顧天皇在位，對外自稱「日本國王」，與明朝交流。

伊藤老師短評

五山僧非常擅長漢文，甚至出版「五山版本」的漢詩詩集，且具有儒學素養，因此他在外交關係中占一席之地，自然是適得其所。室町幕府仿照南宋「官寺制度」，設立「五山十刹制」。在該制度下，受室町幕府保護的臨濟宗寺院，包括被賦予「別格」特別待遇的南禪寺及京都五山。京都五山分別是排名第 1 位的天龍寺、第 2 位的相國寺、第 3 位的建仁寺、第 4 位的東福寺及第 5 位的萬壽寺。另外，還有鎌倉五山。

菅浦文書

記載中世紀惣村情況的
大宗文件

作 不詳		年 鎌倉時代到江戶時代	
數 文件 1281 份、平面圖 1 份		分 書信、平面圖	

概要 琵琶湖北岸發展出的自治村落

過去，羽柴秀吉（後來的豐臣秀吉）擁有的第 1 座城池，位在今日的滋賀縣長濱市。永祿 13 年／元龜元年（1570 年）爆發姉川之戰，地點也是當時稱為今濱的長濱，使得這座城市免不了給人留下與武家息息相關的印象。

然而，自古以來，琵琶湖沿岸漁業及水運業發達，因而發展出許多村落。特別是琵琶湖的北岸，位於葛籠尾崎半島上的西淺井町**菅浦**，在鎌倉時代後期，比其他地方更早發展出一種稱為「惣」的自治形態，因而備受關注。

《菅浦文書》詳細記載菅浦人民的生活，從鎌倉時代記錄到江戶時代，包括文書 1281 份（65 卷）、平面圖 1 份。

背景 菅浦村民自行扛起武士的職責

菅浦村三面環山，南臨琵琶湖，可說是一座「陸地上的孤島」。

人們交際往來的機會有限，菅浦人民也非常討厭外人造訪自己的村落。因此，菅浦發展出惣（惣村）的制度。「惣」是「總」的意思，亦即「居住在該地區的所有人自治管理」。

在中世紀，維護治安和處理裁判通常是武士的責任，但在菅浦的惣村制度中，由村民們自行負責（自我審查，在地審判）。此外，有時也會與其他村落發生糾紛。所以一般推測，當時為了長期維持自治的體制，必須將所發生的事情記錄下來，並保存相關文件。

關注 菅浦與大浦的邊境紛爭升級為戰爭

《菅浦文書》中特別備受關注的內容，是菅浦與鄰村大浦在村落邊界的紛爭。如前文前述，菅浦四面湖光山色環繞，耕地面積

狹窄，因此村民越過山頭，在鄰近大浦的日指與諸河等地，開闢約16公頃的農田。這塊田地最終成為菅浦與大浦之間的爭端。

《菅浦與大浦下庄邊界繪圖》是菅浦在邊界爭奪戰中繪製的地圖。半島底部的紅線，便是菅浦宣稱的界線。

這場紛爭持續了200年，在室町時代甚至爆發戰爭。菅浦村民詳細記載了這場戰役，時間發生在文安2年（1445年）並持續到隔年，菅浦共16人喪生。

這幅《菅浦與大浦下庄邊界繪圖》也被視為描繪中世紀莊園的重要平面圖。竹生島位在菅浦南方的湖面上，島上的弁財天本山（總寺院）是比叡山的檀那院，檀那院同時也是菅浦的莊園領主。在這幅平面圖上，也詳細繪出竹生島的景觀。

在菅浦的惣村制度中，由20人組成的「乙名」為實質上的領導者，底下另設有「中老」、「若眾」等職位。一般而言，惣村的管理方針是全體成員共同與會，在集會中做決定，制定「**惣掟**」（掟，音同定），亦即村落法規，來處理村裡的種種糾紛。

據悉，菅浦設有大約10條規則，其中還包括保護弱者的條文，如「不得向無主之戶徵收稅金」。對於罪犯的審判，也十分公正。寬正2年（1461年）的《菅浦惣庄置文》中規定：「審判時，須出示證據，一切依法裁決。」

然而到了室町時代後期，在戰國大名的施壓下，這些惣村逐漸消失，菅浦最後也被歸入北近江（今滋賀縣北部）大名淺井氏的支配之下，村民自治的體制實質上到此結束。

影響 平民書寫的大宗文件成為國寶

　　《菅浦文書》一直被祕密的保存在須賀神社的「封存箱」中，直到大正時代，才首次公諸於世。具體記錄中世紀惣村情況的歷史文獻，在全國性的資料檔案中也是十分罕見，後來《菅浦文書》於平成 30 年（2018 年）被指定為日本國寶。滋賀縣中傳出國寶的好消息，距前次已時隔 52 年，單看長濱市，更是相隔了 64 年。

　　《東寺百合文書》中收錄的〈玉垣書信〉，也是出自平民之手的國寶文物。然而，〈玉垣書信〉與寺院神社和武家發行的文書合併登記為國寶，因此整份出自平民之手的文獻被列為國寶級文物，《菅浦文書》可謂是開了先例。長濱市的官方網站上，更是載明其所代表的重要意義：「這在日本文化財指定上，實乃重要的里程碑。」

　　此外，菅浦湖岸村落的景觀本身，就是一項重要遺產，日本政府於平成 26 年（2014 年）根據《文化財保護法》規定，將之指定為重要文化景觀。

伊藤老師短評

我是京都人，所以小時候的暑假，時常跟著家人或空手道場的集訓，前往琵琶湖的湖水浴場。與家人出遊時，我們曾經投宿在日本電影《男人真命苦》中也出現過的菅浦村落的民宿「半次郎」。須賀神社和奧琵琶湖的獨特景觀，更是我再熟悉不過的暑假回憶。這裡真的是個好地方，希望有機會帶我兩個孩子和父母一起舊地重遊。

應仁記

おうにんき

描繪應仁之亂的
戰亂紀錄

作 不詳		年 15 世紀末葉	
數 3 卷		分 軍記物語	

概要 分段完成的《應仁記》

「**應仁之亂**」（又稱應仁文明之亂）這場大動亂，發生在室町時代中期，從文正 2 年／應仁元年（1467 年）到文明 9 年（1477年），歷時約 11 年。主戰場的京都滿目瘡痍，即使戰事平息，全國各地大名依舊相互鬥爭。身為幕府之長的將軍權威盡失，甚至有人將之視為戰國時代的開始。

《**應仁記**》是一部軍記物語，內容主要記述戰亂發生後，直到文明 5 年（1473 年），東軍總大將 [19] 細川勝元與西軍總大將山名持豐（宗全）雙雙死亡前的紛爭過程。作者不詳，但關於本書的完成，普遍認為歷經了以下 3 個階段。

首先，戰亂平息 10 多年以後，通稱為《一卷本應仁記》的原稿大致完成。後來，一卷本被一分為二，拆成《二卷本應仁記》，又與《應仁別記》（亦可稱為赤松氏家傳）合併，於 16 世紀中葉構成《三卷本應仁記》。在現代，單提《應仁記》時，通常指的是

---

19 軍隊總司令。

三卷本。

 背景 原稿中所記載的末日預言

這三本中，一卷本與二卷本的開頭附錄了一首漢詩，內容如下。

「百王流畢竭，猿犬稱英雄。星流飛野外，鐘鼓喧國中。青丘與赤土，茫茫遂為空。」這段內容是《野馬台詩》的最後 6 句，全詩共 24 句。據傳《野馬台詩》為 5 世紀中國僧侶寶誌所作。這首詩的內容是所謂的末世論，預言當第 100 位君主統治結束時，世界必定會發生大動亂而毀滅。

這首《野馬台詩》在奈良時代傳入日本，長久以來為人們所信奉。南北朝時代迎來第 100 代天皇，據說就連第 3 代將軍足利義滿

也非常關切這個預言，曾經詢問：「第 100 代從何時算起？」

值得關注的是「猿犬稱英雄」這句詩。山名宗全與細川勝元的出生年分，分別為猴年與狗年。那些目睹兩人對戰的人們認為，這段預言果真靈驗，而《一卷本應仁記》的作者也是其中一人。他在書中不斷將實際發生的事件與該末日預言進行比對，藉以解釋事件發生的道理。

關注 逐漸被推翻的傳統說法

迄今，關於應仁之亂的起因，人們所知內容主要來自《應仁記》中的描述，也就是足利將軍家繼承爭奪戰所引起。

由於第 8 代將軍足利義政與妻子日野富子膝下無子，義政指定已出家的弟弟義視為繼承人。當時，義視還俗後的監護人，是三管領（擔任管領一職的細川家、斯波家與畠山家）中勢力最強的細川勝元。

然而，不久後，將軍夫婦之間誕下義尚，為人母的富子為了讓兒子成為下一任將軍，向四職（擔任侍所所司[20]的山名家、赤松家、一色家與京極家）中最有權勢的山名宗全尋求協助。在過去，普遍認為應仁之亂是由於這兩派系之間的鬥爭，再加上斯波氏與畠山氏的家族繼承內鬥所引起，但現在人們對此說法存有疑慮。

文正元年（1466 年），亦即義尚出生的第 2 年，幕府內部爆發文正政變。在這起事件中，山名宗全和細川勝元等人驅逐了向將軍義政提議除掉足利義視的伊勢貞親（義政的親信兼義尚的乳父）。換言之，在將軍家繼承者的鬥爭中，宗全最初並未與勝元或義視對立。然而，從應仁 2 年（1468 年）、也就是應仁之亂開戰後的第 2 年開始，局勢轉變，宗全全力支持義視，勝元則支持義尚。

另一方面，在畠山家爭奪家主繼承的內鬥中，兩人之間存在明

---

20 侍所是室町幕府的官府，除了統御御家人，還負責京都的市政管理，以及公家、武家、寺院神社領地的各項事務。侍所長官稱為所司。

顯的對立。獲得勝元支援的畠山政長，取代勝元接任新管領，宗全則與畠山義就（政長的堂兄）聯手，意圖罷免政長。此一行動最終發展成巨大紛爭。

影響 日野富子是蛇蠍婦人嗎？

關於日野富子，《應仁記》中的記述也稱不上屬實。該書記載，富子寫了一封信給宗全，尋求他的協助，但沒有任何第一手資料可以證明此點。

此外，富子在戰亂中從事高利貸業務，借錢給守護大名等人，據說坐擁相當於今日 6、70 億日圓的資產。然而，在將軍御所發生火災時，富子出資提供修繕費用，她積累財富，絕非只是為了滿足私慾。

但是，《應仁記》卻刻意貶低富子，將她描述成一個「干預政治的蛇蠍女」、「賄賂萬萬歲的守財奴」。到了江戶時代，富子這副形象已經深入人心，並一直流傳至今。

在現代，學者對富子被當成蛇蠍女的理由進行了各種考察。其中有一種說法是，應仁之亂以後，為了凝聚幕府內部的團結，必須塑造一個反派角色。

伊藤老師短評

提起《應仁記》，就不得不說飯尾彥六左衛門尉詠頌的著名場景：「汝可曾聽聞，京郊赤地，滿目瘡痍，雲雀夕空望，泣淚成珠。」京都幾乎沒有室町時代以前的遺跡，（身為京都人）總覺得有點對不起那些為了追求古代浪漫氣息而來京都遊玩的旅客……雖然，有人說京都人一提到「之前那場戰役」，指的就是應仁之亂，但這應該只是一種都市傳說吧！

節用集

せつようしゅう

通行長達400年的
國語辭典

作 不詳	年 室町時代中期
數 1 卷	分 辭典

概要 記載漢字複合詞及其讀音

《節用集》完成於室町時代中期，大約 15 世紀中葉，是一本漢字讀音的國語辭典，內容包括單一漢字及兩個或兩個以上漢字組合的漢字複合詞。《節用集》的特色是根據傳統假名順序「**伊呂波順序**」（イロハ順）分門別類，而不是按 50 音順排序，且每個項目會再根據字義進行分類。

編輯者不詳，但從所收錄的詞語性質來看，一般推測有僧侶參與編輯作業。

和以往的辭典以及同類型書籍相比，《節用集》在使用上格外方便，因此為人們沿用多年，一直使用到明治初期，並經過多次增補和修訂。

背景 隨著識字率提升而逐漸普及的辭典

日本的字典、辭典歷史悠久，第 1 部辭典最早可追溯到 682 年，

節用集

天武天皇諭令下完成的《新字》。根據《日本書紀》的記載，據說《新字》一部 44 卷，但因原稿和傳抄本皆已不復存，因此詳細情況不得而知。

在現有的傳抄本當中，最古老的辭典是平安時代前期，空海編修的《篆隸萬象名義》。這本是按部首排列的漢字辭典，其中記載了約 1 萬 6000 個隸書（楷書）漢字及部分篆書漢字。

隨後，9 世紀末到 12 世紀，陸續編修了《新撰字鏡》、《倭名類聚抄》、《類聚名義抄》、《色葉字類抄》等辭典。這些辭典皆以萬葉假名記述，亦即使用和語標記漢字讀音，可說是今日漢和辭典與和漢辭典的前身。值得一提的是，《色葉字類抄》是日本最古老以伊呂波順序排列字詞的辭典。

接著，到了室町時代以後，更貼近平民生活語彙的辭典開始普及，完成於文安元年（1444 年）的《下學集》便是其中的代表範例。《下學集》中除了劃分天地、時節、神祇、人倫、官位等項目以外，亦設有食、衣、住（住宅、絹布、飲食）、器具等項目。這些匯集日常生活用語的字典之所以普及，普遍認為與平民識字率提升有關。

關注 第 1 本按發音與字義分類的辭典

《節用集》在編修上參考了《下學集》等辭典。《節用集》中所收錄的字詞，首先按伊呂波順序分部排列，接著於各部中，根據「天地」、「時節」等字義進一步分為「門」的項目。

參照具體例子，例如在「伊勢本」這本最早期的版本（此處的「版本」是根據同一份原稿進行傳鈔或印刷的書本總稱）中，「イ部天地門」之中包括伊勢、壹岐、伊予、因幡等日本舊國名，以及雷、閃電（光）、水池（池）、石頭（石）等與自然有關的詞語，每個字詞旁還標有片假名的讀音。此外，有些字詞會以注釋的形式註記字義與詞語的來源。

《節用集》的版本因製作年代不同，所收錄的詞語及部門分類也不盡相同。自從將日本舊國名統一並列在卷末的版本出現後，「印度」（いんど）取代「伊勢」，成為第 1 個揭示的字詞，因而改稱為「印度本」。

後來，在部的設定上，採用定家假名遣（藤原定家的假名用法），並新設伊勢本及印度本中沒有的ヰ部、ヱ部及ォ部。這項新設定，使得「印度」被分類到ヰ部，「乾」（いぬい）成為イ部的第 1 個字詞，此後的版本稱為「乾本」。

從室町時代到江戶時代初期陸續出現的伊勢本、印度本、乾本統稱為「古本節用集」，習慣上會與後來的《節用集》加以區分。

影響 不斷蛻變的《節用集》

「古本節用集」中，乾本經由學識淵博的平井易林編修後，從此亦稱為「易林本」。

江戶時代的《節用集》以易林本為基礎不斷演變而衍生出許多字典，包括楷書與行草書 [21] 並行的《二行節用集》和《二體節用集》，以及刪除「門」的分類，僅按伊呂波順序列出字詞的《早引節用集》。

此外，《節用集》作為辭典，除了講求便利性以外，也開始產生用途上的變化，出現充滿娛樂性質的版本，比如在附錄附加圍棋、將棋、占卜等資訊。

到了明治時代，隨著收錄字義的正式國語辭典的誕生，如此盛極一時的《節用集》也逐漸銷聲匿跡。然而，《節用集》通行長達400 年，這是不爭的事實，或可說《節用集》奠定了後世國語教育的基石。

伊藤老師短評

《節用集》完成於 15 世紀中葉，16 世紀時，在奈良商人、學者兼連歌師的饅頭屋宗二（林宗二）經手之下，也出版了刊本（印刷多本的複製本），稱為饅頭屋本。話說我個人非常喜歡辭典，高中時總是隨身攜帶英和、和英、國語、漢和、古語、日本史辭典，書包非常沉重。現在也很喜歡電子辭典。

---

21 介於行書與草書之間的書法字體。

大乘院寺社雜事記、
大乘院日記目錄

だいじょういんじしゃぞうじき．だいじょういんにっきもくろく

興福寺院家[22]
研究中世紀歷史的資料

作	尋尊、政覺、經尋 （大乘院寺社雜事記） 尋尊（大乘院日記目錄）	年	室町時代後期 （大乘院寺社雜事記） 平安時代後期到室町時代後期 （大乘院日記目錄）
數	約 190 卷（大乘院寺社雜事記） 4 卷（大乘院日記目錄）	分	日記

概要 橫跨三代的門跡日記

　　奈良的大寺院**興福寺**，為藤原氏宗祠（宗祠由一家之長興建，處理家族成員或後代子孫祈福或出家等事宜的寺院），**大乘院**則為興福寺的塔頭（又稱子院，大寺院裡的小寺院、分院）之一。大乘院自創建以來，便傳承了許多文獻，其中《**大乘院寺社雜事記**》和《**大乘院日記目錄**》是現代研究日本中世紀歷史的基本文獻。

　　《大乘院寺社雜事記》為室町時代中期，擔任大乘院**門跡**[23]（繼承人、負責人或寺院住持）的攝關家子弟**尋尊**（關白一條兼良之子）、政覺、經尋跨三代接力撰寫的日記，內容涵蓋寶德 2 年（1450年）到大永 7 年（1527年）期間的社會情況、社會事件、宗教、藝術文化等多層面向。

　　另一方面，《大乘院日記目錄》由尋尊獨自一人整理，記述治

---

22 指大型寺院或貴族出家後，在門跡寺院附屬分院擔任住持之人。
23 為皇室成員或貴族出家後居住的特定寺院，或指寺院的住持。

曆元年（1065年）到永正元年（1504年）間，大乘院世代傳承下來的文書資料，其中亦包括這本門跡日記在內。

興福寺曾為大和國實質上的領主

大和國（今奈良縣）的興福寺是8世紀初由藤原不比等所創建，受朝廷保護的南都七大寺之一，同時也是藤原氏宗祠。此外，奈良時代以後，神佛習合（又作神佛混淆，即神道與佛教信仰兩者融合同化）的影響，加深了興福寺與春日大社的聯繫，使得許多位於大和地區的寺院神社，成為興福寺與春日大社的末寺和末社（相當於寺院或神社的分院）。興福寺擁有廣大的莊園，在中世紀的大和國中，實質上位居領主地位。

大乘院雖為塔頭，但影響力與一乘院 [24] 相當，興福寺的最高僧官別當（負責統轄寺院裡的所有事宜），慣例上會從這兩院院家輪流選出。也因此，大乘院才會保存有寺院神社的管理文件，以及各種記錄大和國內外事件的相關書信。

關注 記錄日本第 1 起土民暴動

「正長元年九月某日，國中土民群起暴動，訴求德政，破壞酒鋪、糧倉與寺院，恣意掠奪財物，銷毀借貸文書。管領以武力鎮壓。亡國原因，莫過於此。自日本開國以來，此乃首次土民暴動。」

這段文字出自《大乘院日記目錄》，是尋尊在正長元年（1428年）發生「正長土一揆（德政一揆）」——也就是所謂的平民暴動——時留下的紀錄。當時的都市，正處於貨幣經濟的發展時期。除了酒鋪和糧倉，寺院還經營金融業務。暴動的目的是為了向幕府要求「德政」，亦即取消借貸合約。最終雖然未能讓室町幕府點頭取消借貸，但在大和國，興福寺自行頒布了德政令。正長土一揆是日本第 1 場由平民（土民，當地土生土長的原始住民）發起的暴動，也確實成為時代的轉折點。

後來，1441 年發生嘉吉土一揆（德政一揆），1467 年爆發應仁之亂，使得近畿地區的領主勢力進一步減弱。

此外，在山城國（今京都府南部）的南部，管領家的畠山政長與畠山義就在應仁之亂結束後，依舊為了爭奪守護之位而衝突不斷。國人（地方武士）及土民對長期紛爭疲憊不堪，遂自行制定規章，並成功讓畠山雙方軍隊從對峙的南山城中撤離。

這場「山城國一揆 [25]」從文明 17 年（1485 年）開始，持續長達 8 年，尋尊在《大乘院寺社雜事記》中對此有詳細記載。儘管尋

---

24 一乘院為奈良興福寺的門跡寺院，與大乘院輪流統轄興福寺的寺務。
25 「國一揆」是國人（當地的武士）與土民聯手對抗莊園領主的武裝暴動。

尊在文中對國人與土民的要求表示「理所當然（可以理解）」，卻又不禁對時代潮流深表感慨，稱「惟此乃以下犯上之極致」。

這兩起暴動顯示，當時稱為惣的自治村落力量不斷增強的同時，武家及寺院神社等封建領主階級的支配正逐步減弱。

《大乘院寺社雜事記》與《大乘院日記目錄》是有助於我們了解當地居民與國人的動向，以及他們與支配者關係變化的基本史料。前文引述的這段內容，在日本史的大學考試中經常出現。

影響 紙張背面也是珍貴的歷史資料

《大乘院寺社雜事記》在裝訂上有著現代書籍所不具備的特點——每一張紙都對折成袋狀，而且從外側看不見的紙張背面也記述著文字，這稱為「紙背文書」。在當時，紙張為貴重物品，因此為了節省用紙，在製作新書時，會重複利用已經閱畢的書信。

這些紙背文書對當時的人們來說一點都不重要，但對現代人而言，無論是正面還是背面，兩面所寫的內容都一樣重要。

特別是《大乘院寺社雜事記》中的日記內容，時常可從紙背文書的敘述中得到佐證，現在甚至有出版品僅刊載紙背文書。《大乘院寺社雜事記》可說是名副其實的資料寶庫。

伊藤老師短評

在大乘院的相關史料中，有一點須特別留意——這是一本攝關家出身的住持，站在自己的立場和視角寫下的日記。這本活生生的教材，具體展現「同一件事，會根據觀看者視角的不同，而留下完全不同的印象」。作者看似心胸開明的理解武士平民們的行動，但似乎也能聽見他在暗地裡指斥：「你們這群傢伙，還不安分一點！」

143

偽史②

假造的戰國大名與幕府末期志士

關於戰國大名的紀錄，不少資料的可信度都相當低。例如，軍事學著作《甲陽軍鑑》記錄甲斐國（今山梨縣）戰國大名武田氏的戰略和戰術，然而編書的始末不明確，且戰爭記述有誤，因此長期以來一直被懷疑是偽書。

現已明顯證實是偽書的著作，可舉如近江國（今滋賀縣）守護大名六角氏的紀錄《江源武鑑》。這是江戶時代，自稱是六角氏後代的澤田源內擅自編寫的書籍。除了《江源武鑑》以外，澤田還因偽造諸多書籍和家譜而臭名昭彰，甚至有人認為，記述德川氏祖先且作者不詳的《三河後風土記》，也是出自澤田之手。

在近代以後的人物著作中，普遍認為坂本龍馬的《船中八策》也是偽書。多年來，人們一直相信《船中八策》是龍馬親筆撰述的新國家體制的建國方案，後來更成為明治天皇為改革新政府所頒布的《五條御誓文》的基礎政策綱領。然而，近年來研究者大多認為《船中八策》是明治時代著述的龍馬傳記中編造的虛構作品。

從安土桃山時代
到明治時代

日本史

にほんし

描述戰國時期的
歷史書籍

作 路易士・佛洛伊斯	年 16 世紀末
數 3 卷	分 歷史書籍

概要 與知名戰國武將的交流

　　《日本史》完成於 16 世紀末，是耶穌會傳教士路易士・佛洛伊斯（Luís Frois）撰寫的歷史書籍。佛洛伊斯於永祿 6 年（1563 年）踏上日本國土，並在慶長 2 年（1597 年）長眠於長崎。這段期間，他幾乎都在日本度過。佛洛伊斯在書中採用編年體書寫，講述自己與織田信長、豐臣秀吉、切支丹大名[1] 大友義鎮（宗麟）和大村純忠等人的往來、他們的生平事蹟、以及在日傳教活動中發生的事件。

　　原稿共 3 卷。第 1 卷相當於日本概論，由〈序文〉、〈日本六十六國誌〉與〈日本總論〉等內容構成。正文的第 2 卷與第 3 卷，由 3 部分構成：「第 1 部」涵蓋天文 18 年到天正 6 年（1549 年到 1578 年）的記述，「第 2 部」涵蓋天正 6 年到天正 17 年（1578 年到 1589 年），「第 3 部」涵蓋天正 18 年到文祿 2 年（1590 年到 1593 年）。

1　信奉天主教並受洗的大名。切支丹是天主教自天文 18 年（1549 年）傳入日本以來，當地對該宗教的稱呼，一直沿用到江戶時代末期。

對織田信長
的評價

對豐臣秀吉
的評價

一代英豪

這個登徒子

路易士・佛洛伊斯

背景 耶穌會總部突如其來的指令

佛洛伊斯生於 1532 年，**葡萄牙人**，加入天主教修會之一的耶穌會。他在派駐地印度果阿，遇見將基督教傳入日本的方濟・沙勿略（Francis Xavier），從此立志前往日本傳教。

佛洛伊斯終於得償所願，在 1563 年搭船抵達長崎，開始在日本傳教。永祿 8 年（1565 年），他在京都拜見第 13 代將軍足利義輝，並在 4 年後成功與織田信長會面。兩人對基督教都抱持寬容態度，因此佛洛伊斯很輕易的取得了傳教許可。他在豐後國（今大分縣）與大友義鎮會晤。此次的會面，也讓義鎮開始信奉基督教。

佛洛伊斯在日本的傳教活動十分順利，並於天正 7 年（1579 年）迎來一些轉變。耶穌會總部非常看重佛洛伊斯的文筆與判斷力，要

求他將沙勿略來日本傳教的事蹟彙整成書。這就是佛洛伊斯提筆撰寫《日本史》最主要的原因。

關注 對信長與秀吉給予截然不同的評價

武士在西方人佛洛伊斯的眼中，與日本文獻中所描繪的人物形象迥然不同。

佛洛伊斯與信長第 1 次的會面，地點位在當時還在建設中的二條城（為第 15 代將軍足利義昭建造的將軍府）。信長時年 35 歲，據說那時信長親自拿著刨刀，打頭陣參與施工。信長對初次會面的佛洛伊斯，待如上賓，始終小心不讓佛洛伊斯直接曝曬陽光，展現他為人細心又爽朗的一面。

佛洛伊斯在書中對信長讚譽有加，說他「正義凜然，莊敬威嚴」、「處事果敢明快，精通兵法」、「無所畏懼，人人對他凡事言聽計從」。如此高度的評價，相信與信長允許基督教傳教活動不無關係。

相反的，對於突然改變態度，下令驅逐傳教士的豐臣秀吉，佛洛伊斯則是嚴加譴責，甚至大肆抨擊秀吉好色成性。

「年過 50，卻品行不端，放縱肉慾，以致野心與慾望，奪走其正常的判斷力。如此淫穢慾望，似乎永無止盡，支配著他整個身心。」

基督教國家奉行一夫一婦制（天主教徒當然終身不婚），因此佛洛伊斯無法理解秀吉坐擁後宮三千的行為。

此外，書中還記載秀吉「一隻手有六根手指」，也就是患有多指症。在日本的文獻中，幾乎不見相關記述，因此這段描述曾一度被視為不實言論，但現在普遍認為這是真實資訊。該書對**日本人通**

<u>常會避諱記述的事項也直言不諱</u>，這一點可說是外國人所寫文獻的
獨特之處。

影響 揭曉當時人名與地名的讀音

　　天正 15 年（1587 年），秀吉發布驅逐傳教士的命令後，佛洛
伊斯仍留在日本，繼續編寫《日本史》。該書的紀錄最後停留在文
祿 3 年（1594 年）。然而，由於篇幅過長，佛洛伊斯未能將稿件
全數寄回羅馬的耶穌會總部。原本存放在澳門的原稿不幸毀於祝
融，副本散落在世界各地，直到 19 世紀末以後陸續被發現，這部
《日本史》才得以重見天日。

　　《日本史》以葡萄牙文寫成，為後來的日本歷史研究帶來出人
意料的影響。例如，日本文獻有時會以「羽柴筑前殿」稱呼秀吉。
在未標注假名讀音的情況下，其實我們無從判斷「羽柴」究竟是唸
「Hashiba」還是「Haneshiba」。另一方面，在《日本史》中，記
載為「Faxiba Chicugendono」。由此可知，「羽柴」音為「Hashiba」。

　　<u>從外國文獻得知日本人名和地名的讀音</u>，可說是歷史研究有趣
的一面。

伊藤老師短評

路易士・佛洛伊斯可謂是當時的活字典。他在印度果阿遇見沙勿略
與彌次郎（介紹沙勿略前往鹿兒島的日本人），在日本拜見將軍、
織田信長、豐臣秀吉和多名切支丹大名，親眼見證了安土城 [2] 的興
建，也遭遇到傳教士的驅除令。儘管他曾前往明朝的澳門，後來又
返回長崎，繼續撰寫《日本史》，並在此長眠。

2　織田信長的居城。

信長公記

しんちょうこうき

織田信長親信記錄的
信長生平

| 作 太田牛一 | 年 慶長 3 年（1598 年） |
| 數 16 卷 | 分 傳記、軍記文學 |

概要 眾多小說與電視劇的「靈感來源」

織田信長是日本歷史上最著名的人物之一，其生平曾被多次改編成小說和電影。這些創作故事最主要的來源，就是描述信長生平傳記的《信長公記》。

《信長公記》總計 16 卷。從信長在永祿 11 年（1568 年）跟隨室町幕府第 15 代將軍足利義昭（後遭信長逐出京都）一同前往京都開始，直到天正 10 年（1582 年）信長在本能寺之變中自戕為止，這 15 年間的所有事蹟每年彙整 1 卷，總計 15 卷。另外再加上首卷，講述信長上京（京都）前，少年時期人稱「吉法師」時的記事。

本書作者為信長的家臣太田牛一。在歷史學中，傳記與軍記物語通常被視為根據書信等一手史料編寫的二手史料。然而，《信長公記》的作者與信長生活在同一時代，因此本書一般被認定為一手史料。

無可奈何

織田信長

進攻！

本能寺

明智軍

背景 牛一勤奮筆記，眾人協力彙整成書

今日名為《信長公記》的書籍不只一本，存在許多根據該書編寫的「版本」（此處的「版本」是根據同一份原稿進行傳鈔或印刷的書本總稱）。

例如，擔任姬路藩、鳥取藩、岡山藩等藩主的旁系大名池田家便留有一份《信長公記》，通稱「池田本」。這是牛一受託於織田家重臣池田恆興的親屬，親自抄錄而成。包含池田本在內，目前已確認有 4 套版本由牛一親筆謄寫。如果將其他人抄寫的副本列入計算，推測過去的版本可能多達 70 套以上。

牛一生於尾張國（今愛知縣西部）春日井郡，比信長年長7歲。他原本效力於尾張守護斯波義銀和織田家家臣柴田勝家，後因精湛的箭術深得信長賞識，而被挖角到信長旗下。

　　不久後，牛一服侍在信長左右，擔任右筆（亦作祐筆），即書記官一職。牛一生性勤奮，非常認真的寫日記與筆記，記錄日常發生的種種，為日後《信長公記》的編纂打下基礎。

關注 如實記錄信長的惡行

　　牛一自然是從正面角度記載主公信長的生平事蹟，但這不意味他對信長的不當言行視而不見。例如，關於火燒比叡山延曆寺事件，牛一平實的描繪慘烈場面：「包括根本中堂、山王二十一社在內，佛寺、神社、禪房、經閣全數燒毀，瞬間火光通紅，霞光滿天。」及「僧俗、孩童、高僧、上人，一一斬首。」

　　牛一在池田本第12卷的版權頁寫道：「不掩真相，不添虛無，如有虛假，天道何容，貽笑世人，但求實情。」藉此宣示自己下筆時，絕無虛言。如此公正的寫作態度，也提高了該書作為歷史文獻的價值。

　　牛一強烈的寫作慾望，即使在信長死後，也無半分削減。眾所周知，信長在本能寺之變中，得知明智光秀叛變後說道：「事已至此，無可奈何。」並在激烈奮戰後，選擇自行了結生命。這段內容，也是牛一透過當時在場侍女們的描述，才得以留存下來的紀錄。多虧牛一詳實記載，今日我們才能知曉信長的故事。

　　順帶一提，信長是最早在戰場上使用火槍的戰國武將。據傳，信長在長篠之戰（設樂原之戰）中，使用3000支火槍，擊潰戰國大名武田勝賴的武田軍。然而，在《信長公記》中雖可見「千支左

右」的描述，但找不到任何「三千支」的字樣。這場戰役中，其他隊伍也準備了火槍，但數量約 500 支。

影響 庶民閱讀《甫庵信長記》

實際上，在池田本的版本中，有將火槍千支修改為「三千支」的痕跡。然而，修改的人物和時間都不明確，無從判斷哪個數字正確。

此外，在《甫庵信長記》的版本中，也記載為「三千支」。《甫庵信長記》是江戶初期學者小瀨甫庵，根據《信長公記》撰寫的軍記文學。

《甫庵信長記》作為歷史文獻的價值並不高，因為其中包含許多虛構的內容。然而，除了本書以外，甫庵還著有其他書籍，如豐臣秀吉的傳記《甫庵太閤記》等書，可謂當時的暢銷作家。相較於《信長公記》，《甫庵信長記》在百姓之間更為普及，因而形成普遍的通說，廣為流傳。

話說回來，**在整個江戶時代，平民不大有機會翻閱《信長公記》**，因為江戶幕府禁止刊行印刷本，只有傳抄本供人傳閱。至於禁止的原因，至今依舊不明。

伊藤老師短評

兒童讀物、漫畫、小說、電視劇、電影中的「信長形象」，可說是全數源自《信長公記》。我想也多虧了這本書，信長才得以成為家喻戶曉的人物，受益匪淺。牛一簡直就像幫蘇格拉底留下紀錄的柏拉圖，連缺點都如實記載，感覺這兩人個性有點像……

甲陽軍鑑

こうようぐんかん

攸關武田家的軍事資料

作 高坂昌信等人	年 江戶時代初期
數 20 卷	分 軍事學書籍

概要 武田家兵法與軍法的相關記載

　　《甲陽軍鑑》是綜觀**武田信玄（晴信）**與其子**勝賴**生平事蹟的軍事學書籍，由 20 卷正文與兩本上下卷注釋本構成。書中描述父子並肩作戰的概況，以及武田家的兵法、軍法、刑罰、政治等內容，也記載了眾多家臣們的事蹟、軼事和甲州武士精神。

　　原始手稿在早期便已遺失，但江戶時代出現了一些傳抄本及印刷本，其中最古老的版本，一般認為是軍事學家小幡景憲（其父為武田家家臣）於元和 7 年 (1621 年) 抄錄的傳抄本。

背景 武田家股肱之臣認為前景堪憂

　　《甲陽軍鑑》的作者至今不詳。關於本書的編纂過程，目前最有力的見解是：武田家臣高坂昌信進行口述，其部下大藏彥十郎與春日惣二郎（昌信的姪子）兩人接手記錄，然後由小幡景憲取得原稿，彙整編輯。

　　高坂昌信素以彈正[3]聞名，乃「武田二十四將」之一，武田家的肱骨之臣。信玄死後，昌信對武田家未來發展憂心忡忡，故令兩名部屬寫下信玄的功績，從而開始這場口述筆記。《甲陽軍鑑》的用意，主要是為了向信玄的繼承人勝賴及其親信提出諫言。

關注　「武士道」精神首次躍然紙上

　　儘管《甲陽軍鑑》亦可作為軍記物語賞閱，但主要還是被歸類在**軍事學書籍**，講述武士精神，可說是該書的最大特色。尤其，《甲陽軍鑑》是第 1 本提及「武士道」一詞的文獻，在書中出現多達 30 次以上。

3　律令制度下的官職，彈正台。負責彈劾官吏，端正風氣。

從相關段落的摘錄和總結來看，所謂武士道，是「不譁眾取寵」、「戰場上，恪守綱紀」、「勇敢對抗對方的無理作為」。

　　此外，書中以下這段軼事，如實傳達了信玄心中的武士道精神。某日，赤口關左衛門與寺川四郎右衛門這兩名壯年武士發生爭執。兩人雖然有肢體上的衝突，但並未拔刀相向。後來旁人居中調解，平息了此次的騷動。然而，最後兩人都被信玄革職，慘遭處決。

　　信玄道：「這不是口角，而是一場勝負，但兩人都未拔刀以對。只算是孩童或百姓之間的爭吵，稱不上武士間的較量。老大不小，還引起這等糾紛，實為武田家的恥辱。」

　　有句話叫「常在戰場」，這是信玄要求武田家臣，凡事應謹慎行事，如臨戰場，隨時保持警覺，做足準備。

　　《甲陽軍鑑》闡述武士精神，成為江戶時代武田流派軍事學（甲州流派軍事學）的教科書，廣為人們傳閱。然而，關於信玄與勝賴的事蹟，包括事件發生的日期，書中卻存在諸多的錯誤。例如，信玄在天文 10 年（1541 年）流放生父信虎，但書中卻記載為天文 7 年（1538 年）。此外，戰爭場面的敘事，有時會出現當時不在場的武將名字。

　　其實，自江戶時代以來，《甲陽軍鑑》的可信度始終備受質疑。江戶中期儒學家湯淺常山在其著作《常山紀談》中指謫：「錯誤百出，完全不可採信。」難以想像信玄的親信高坂昌信會犯下這種錯誤，因此在明治時代，人們甚至認為「《甲陽軍鑑》並非昌信的口述紀錄，而是小幡景憲捏造的偽書」，使得《甲陽軍鑑》曾一度喪失其作為歷史文獻的價值。

影響 透過國語學者的研究，重拾歷史文獻價值

然而，到了 1960 年代，有學者從不同以往的角度進行研究，讓《甲陽軍鑑》得以有機會翻身，重拾其文獻價值。

傳抄本與印刷本不見得會原封不動的按照原稿重現，而是會根據出版年代，進行適度的修改。國語學家酒井憲二仔細研究更早期的傳抄本，發現在景憲的版本中，有多處使用了江戶時代已不再使用的詞語。換句話說，《甲陽軍鑑》並非景憲杜撰，而很可能是一份忠實抄錄原稿的成品。

至於日期誤植的部分，年代較為後期的事件，日期紀錄都正確，因此有人推斷，可能純粹是昌信記錯或口誤。

當然，書中內容並非完全正確（實際上有許多錯誤），但《甲陽軍鑑》是了解戰國時代武士社會的珍貴史料，這一點無庸置疑。

伊藤老師短評

「勿忘戰鬥目的」、「攻擊才是最佳防禦」、「尊重並善用人才」、「充實內政才能通向勝利大道」、「動員全軍，如自己手腳一般靈活」，這些內容在現代依舊適用。另外，還有一段頗有名的小八卦：公認為本書原作者的高坂昌信，與主公信玄為同性伴侶。信玄與美少年偷情，不料被昌信發現，急忙寫信為自己辯解。

多聞院日記

たもんいんにっき

多聞院院主記錄局勢轉變的
珍貴資料

作 英俊等人	年 室町時代後期到江戶時代初期
數 46 卷	分 日記

概要 記錄約 140 年來的大事記

　　《多聞院日記》是多聞院僧侶所寫的日記，多聞院為興福寺的塔頭（分院）。雖然有不少年分缺失，但書中記錄了室町時代後期到江戶時代初期的政治、社會與文化，從文明 10 年（1478 年）到元和 4 年（1618 年），是研究近畿地方從中世紀過渡到近世[4]這段期間，局勢轉變的珍貴資料。

　　《多聞院日記》並非由一人撰寫，而是歷代多聞院院主傳承紀錄，其中又以長實房英俊的記述最為豐富，因此一般以英俊為主要作者。

 ### 背景 繼承歷代院主的日記

　　法相宗創建於 8 世紀初，大和國（今奈良縣）的興福寺為其大本山（位於總本山之下，管轄該宗派各分院）。在室町時代，大和國未有守護到任，因此興福寺為實質的大和國國主（領主）。

4　西元 1568 年至 1867 年，這 300 年間在日本史上稱為「近世」。

英俊出身於大和國的望族十市氏，據說他 11 歲便進入興福寺的佛門。儘管出家人皆稱僧侶，但實際上有各種不同職位。負責寺院管理和雜務的僧侶，稱堂眾或行人；從事祈禱或佛教研究的僧侶，稱學僧或學侶，英俊就是其中一人。

英俊在天文 16 年（1547 年）才接任多聞院院主，但他在《多聞院日記》中的著述，可往前追溯到天文 3 年（1534 年）。歷代院主的日記，從應仁元年（1467 年）記錄到文明 9 年（1477 年）的應仁之亂這段期間。英俊亦效法前輩，提筆寫下當時的事件。

關注 秀吉倒底有當成將軍嗎？

在歷史研究中，日記和書信被視為第一手資料，《多聞院日記》

更是用來檢測後世文獻真偽的重要史料。

　　例如，松永久秀在與三好三人眾[5]的戰役中，燒毀東大寺大佛殿，這也是他惡名流傳至今日的原因之一。

　　然而，《多聞院日記》中寫道，大佛殿燒毀，並非久秀刻意縱火，純粹是失火所致。路易士‧佛洛伊斯在《日本史》中指出，真正犯人是三好三人眾陣營裡的天主教士兵。久秀企圖統治大和國，是興福寺的敵人，英俊沒理由為其辯解。因此目前普遍認為，大佛殿燒毀，錯不在久秀。

　　此外，《多聞院日記》中關於豐臣秀吉的記載，也有部分內容與後世流傳的說法不盡相同。

　　江戶時代前期儒學家林羅山（道春），在其著作《豐臣秀吉譜》中記述秀吉為了成為征夷大將軍，曾意圖認室町幕府前任第 15 代將軍足利義昭為養父，但遭其拒絕。這段軼事的背景，是源自鎌倉與室町幕府的建立者皆為清和源氏的後裔。然而在過去，儘管織田信長為桓武平氏後裔，朝廷仍舉薦他就任征夷大將軍、太政大臣、關白中任一職位。由此可見，當時並未限定源氏出身者，方能成為征夷大將軍。

　　而且，在《多聞院日記》的〈天正十二年（1584 年）十月十六日篇〉中記載，據說秀吉也曾受正親町天皇舉薦出任征夷大將軍（僅屬風聲傳聞）。換言之，秀吉並非當不成征夷大將軍，很可能是他曾被推舉，但最後婉拒。

　　翌年，秀吉就任位階比征夷大將軍更高的關白，並在隔年接任太政大臣。現在普遍認為，秀吉渴望成為將軍但未能實現的說詞，應該是擔任德川家康參謀的羅山，在對比秀吉與家康時，刻意羞辱秀吉所捏造（儘管如此，關白和太政大臣皆屬文官，與作為武官的

5　為戰國大名三好長慶身邊的三名重要家臣：三好長逸、三好政康和岩成友通。

將軍，意義有所不同）。

⚡影響 書中亦記載了味噌與醬油的製作方法

當然，《多聞院日記》中的內容並非全然正確。英俊在日記中的記述，有不少分不清真假的訊息，就連天皇詢問秀吉就任將軍的意願，在當時也不過是個傳聞。

然而，確認與事實不符的記述，英俊也會在日後加以修正，指明「記載有誤」。如此真誠的態度，可說是該書被列為**中世紀歷史研究基本史料**的原因之一。本書的另一個特色是，除了歷史事件，還記載了平民的生活。

英俊在族人十市氏出兵征戰時，負責糧食等物資調配，他在書中也記載了醬油、味噌和酒的製作方法。日本是在《多聞院日記》以後，才開始使用「醬油」一詞。在這之前，文獻中常以「醬」或「漿醬」等名詞稱呼醬油。在日本大豆發酵食品的歷史研究上，《多聞院日記》也是一份極為珍貴的歷史文獻。

伊藤老師短評

在日本大學的入學考試，日本史偶爾會用織田信長在大和國進行「指出檢地」（當時常見的土地調查，採自我申報制）的文獻出考題，非常困難。儘管是重要的歷史資料，但如果參考書提到《多聞院日記》，多半會被抨擊「（這麼艱深）不要刁難學生」、「考試不是只有要考日本史」。這次我不用擔心被嫌棄，樂得輕鬆……

三河物語

みかわものがたり

「天下最敢言的武將」
留給後代的家訓

作 大久保忠教	年 江戶時代前期		
數 3 卷	分 歷史書籍（採軍記物語風格敘事）		

概要 松平・德川家與大久保家的事蹟

　　大久保忠教是德川家康直屬的家臣（旗本），為其效力多年，人稱「彥左衛門」，也是眾所周知「天下最敢言的武將」。《三河物語》為忠教的著作，記述以家康為主的德川家（原姓松平）歷史，與大久保家的歷代事蹟。

　　本書共 3 卷。上卷從（據稱是松平家始祖的）清和源氏的起源開始，講述第 1 代松平親氏到第 8 代，亦即家康父親廣忠之間的歷史。中卷記述家康在人質時期，與織田信長締結清洲同盟，以及信長火燒比叡山延曆寺等經過。下卷則涵蓋與武田家抗爭、本能寺之變、臣服於豐臣秀吉、在關原之戰的勝利以及大阪夏之陣[6]（夏季戰役）。後半部分還包括忠教對後代子孫的訓誨，因此下卷的篇幅較長。

背景 大久保一族因天下太平而逐漸沒落

　　1560 年，**大久保彥左衛門[7]忠教**生於三河國（今愛知縣東部）。

6　大阪之陣是德川家康擊潰豐臣氏，結束日本戰國時期的最後戰役。1614 年冬季戰役稱「大阪冬之陣」，1615 年夏季戰役稱「大阪夏之陣」。

7　「彥左衛門」原本的意思是鄉下武士。不過，在日本提到彥左衛門，通常會聯想到大久保忠教。

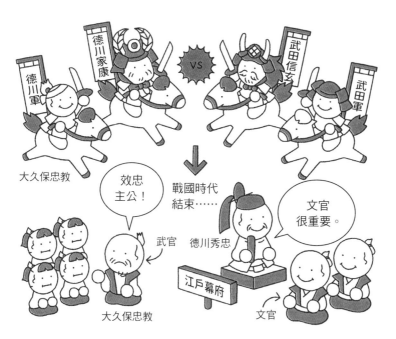

其父忠員，從家康祖父松平清康這代開始，相繼侍奉松平家（德川家）3代，為松平家重臣。忠教長兄忠世，名列「德川十六神將」，二兄忠佐在沙場上同樣立下汗馬功勞，兩人在江戶幕府成立後，都受封為譜代大名 [8]。

忠教身為他們的異母兄弟，年少開始便效力於松平（德川）家族。自第1次出征以來，凡是家康參與的戰役，忠教幾乎從未缺席。忠教是所謂武斷派的武將（武官，**番方** [9]），憑藉戰場上傑出的槍法，贏得家康的信賴。

大久保一族，自三河時代以來，便以譜代家臣（代代侍奉的家臣）的身分，為家康稱霸宏業付出巨大貢獻。然而，在太平時期，戰場上驍勇善戰的英雄，亦無用武之地。在德川政權下，旁系世家出身的名門大名，或擁有行政長才的文吏派武將（文官，役方）開

---

8 「譜代」意指世襲家族。譜代大名是江戶幕府初代將軍德川家康，封授助其稱王的功臣的功勳。
9 番方與役方，皆為幕府官職，前者為武官，後者為文官。

始掌握權勢，大久保家逐漸衰落。

忠佐因後繼無人，在他死後，沼津藩的 2 萬石（俸祿）全數收歸國有，忠世之子忠鄰，原為 6 萬 5000 石的小田原藩大名，因涉嫌謀反，遭罷黜為平民。

成為家主的忠教，也只不過是一個領取 1000 石的旗本（後來增加至 2000 石）。忠教便是在這般不得志的情況下，寫下《三河物語》。

關注 「背叛主公者，方能飛黃騰達」

「主公不知譜代家臣背景，人臣亦遺忘多年為主公的奉獻。遑論子嗣，更無從知曉家族歷代發展，因此我決定提筆記錄。在此不談大久保家以外的事蹟，故本紀錄不得外傳。諸位也不妨把自己家族的忠誠、功績和家世記錄下來，傳承後代子孫。」

這段是《三河物語》序文中的某節摘要。雖說「不得外傳」，但實際上卻存在許多版本，甚至在忠教生前，原稿便已外流，為他人所抄錄。從「諸位」一詞也可以看出，忠教在執筆時，顯然已經假設會有家族以外的人翻閱。

書中大部分內容都在描述家康的功績。忠教就近跟隨在家康左右，即使考慮到潤飾與誇大的描述，其筆下描繪的人物形象與戰役依舊栩栩如生，躍然紙上。

然而，本書最值得注意的是下卷的後半部分。忠教在「孩子們，仔細聽來」這句話之後，開始闡述大久保過去的忠誠，以及後代子孫應遵守的言行規範。這些訓誨，可謂是《三河物語》真正的目的所在。

尤其忠教在書中直言：「背叛主公或行為卑劣者得以晉升，忠於主公或鞠躬盡瘁者不得器重。」這不僅是自嘲，同時也是抒發感慨，善於計謀與新進旁系的家臣備受重用，在戰場上奮勇殺敵的譜

代老臣，卻空有一身才能，無處施展。換言之，這是對當時德川家辛辣的諷刺。

　　儘管如此，忠教仍告誡子孫，為臣者，忠義在先，強調：「即便餓死，也不得背叛主公。」最重要的不是富貴或生命，而是名譽。言下之意，便是「人生一世，名留後世」。

影響 對境遇不佳的武士而言，忠教是最激勵人心的典範

　　「天下最敢言的武將」，大概是忠教留給大眾最深刻的印象。為了不違反幕府禁止旗本乘轎入城的規定，忠教乘坐大木桶進城；即使對方是將軍，他也敢於提出異議，直言不諱。這是時代劇[10]裡常見的一幕。

　　《三河物語》中的忠教，有時會與家康激烈爭辯，這些軼事塑造出忠教富有主見的形象。在《大久保武藏鐙》這部紀實作品中，作者甚至創造一心太助這條好漢角色，描述他與忠教的種種事蹟。據此改編的歌舞伎、人形淨瑠璃、講談（說書）等表演，都大受歡迎。

　　《三河物語》沒有發行印刷本，只有傳抄本，但廣受眾多武士喜愛。忠教身為貧窮的旗本，渾身反骨精神，對身處相同境遇的武士來說，他是最能激勵人心的典範。

伊藤老師短評

　　《三河物語》不是大久保彥左衛門的自傳，而是一本訓誡子孫的家訓。在和平時期，要一個以武藝維生的人，從「武」轉「文」並不容易。彥左衛門直率的言論，至始至終絕不忘效忠主公的赤膽忠心。本書的一字一句，完整體現他的個人魅力，時至今日依舊散發強大的光彩，緊緊抓住讀者的目光，讓人讀得痛快！

---

10 以某特定歷史時代為背景的戲劇表演。

慶長遣歐使節關聯資料

けいちょうけんおうしせつかんれんしりょう

17世紀初從歐洲帶回的
珍貴文物

作 不詳		年 17 世紀前葉	
數 不明		分 古文獻等	

背景 伊達政宗派往歐州的使節團

　　江戶時代初期，仙台藩主**伊達政宗**於慶長 18 年（1613 年）派遣使節團前往歐洲（西班牙和羅馬），正副使分別為方濟會傳教士路易斯・索特洛（Luis Sotelo）與家臣**支倉常長**，這就是所謂的**慶長遣歐使節**。政宗的目的是為了進行通商協議，希望與西班牙領地墨西哥（昔稱新西班牙）直接貿易，然而那一年幕府下令全國禁止基督教，導致交涉破裂，無功而返。

　　然而 7 年後，也就是元和 6 年（1620 年），使節團從歐洲帶回文物，精心保存在仙台藩。今日，這些文物統稱為「**慶長遣歐使節關聯資料**」。

概要 羅馬市公民權證書及肖像畫

　　慶長遣歐使節關聯資料，包括支倉常長獲頒的羅馬市公民權證書、常長與羅馬教宗保祿 5 世的油畫肖像、十字架、祭服、祭器等

多種品項。

影響 列入聯合國教科文組織「世界記憶名錄」

　　這些文物在明治時代曾一度流失到民間，昭和 39 年（1964 年）歸仙台市所有，並指定為國寶，後來更在平成 25 年（2013 年）列入聯合國教科文組織（UNESCO）「世界記憶名錄」。

伊藤老師短評

有人會說「世界記憶遺產」，但正確名稱並不是世界遺產（日本總計登陸了 25 項，包括 20 項文化遺產和 5 項自然遺產）。聯合國教科文組織官網首頁明示為「Memory of the World」，所以正確為「世界記憶名錄」。這就像有人把「特寫」（feature）說成「未來」（future），把落魄念成「落破」一樣，當你說出口的那瞬間，就不小心透露了自己是個紙老虎，沒什麼料，戒之慎之……

本朝通鑑

ほんちょうつがん

朱子學派著述的
幕府官方通史

作 林羅山（道春） 　林鵞峰（春齋）	年 寬文 10 年（1670 年）
數 326 卷	分 歷史書籍

概要 父子兩代接棒撰寫歷代天皇的治理事蹟

　　《本朝通鑑》是一部編年體史書，由江戶時代前期儒學家（朱子學家）林羅山（道春）與繼承林家的三男林鵞峰（春齋）共同編修。《本朝通鑑》共 326 卷，包括記述神代（神話時代）的前編 3 卷、第 1 代神武天皇到宇多天皇的正篇 40 卷、醍醐天皇到後陽成天皇的續篇 230 卷，再加上提要 30 卷、附錄 5 卷及國史館日錄 18 卷。

　　其中，林父羅山編纂的正篇亦稱為《本朝編年錄》，於正保元年（1644 年）呈給第 3 代將軍德川家光。羅山在明曆 3 年（1657 年）去世後，編修作業暫時中斷，直到德川第 4 代將軍家綱下令重啟，由羅山之子鵞峰接手，最終在寬文 10 年（1670 年）完成《本朝通鑑》。

背景 長期缺席的日本通史

　　林羅山在天正 11 年（1583 年）生於京都，是從第 1 代將軍開始連續服侍德川家 4 代將軍的知名策士。據說，其父為加賀國（今

①神功皇后與天皇
　享有同等地位

②不承認大友皇子
　即位為天皇

③北朝與南朝的正統性

石川縣南部）四處流浪的武士，後來羅山被伯父收養為養子。

羅山自幼聰穎，為人稱道，在建仁寺學習佛法，21 歲拜師，成為相國寺禪僧、知名朱子學家**藤原惺窩**的門生。翌年，經導師的推薦，為德川家康效力。從此，儘管羅山年紀尚輕，仍勝任大御所[11] 家康智囊的重任。在「方廣寺鐘銘事件[12]」中，也是羅山將鐘上的銘文解釋為對家康的詛咒，方廣寺鐘銘事件也成為慶長 19 年（1614 年）大阪冬之陣的導火線。

家康與第 2 代將軍秀忠死後，羅山成為第 3 代將軍家光的侍講（教授君主學問的講師），並奉令編修《本朝編年錄》。幕府之所以大力投入編史事業，主要是因為自延喜年間（901 年到 923 年）完成《日本三代實錄》（六國史中的最後一本）以後，日本便再無官修通史。

---

11 大御所原指將軍（或親王）隱居後的宅邸，或是將軍、親王本人。

12 此事件是豐臣秀賴修造京都方廣寺梵鐘，鐘上的四言詩「國泰安康」4 字，被羅山指出將德川家康的「家康」分斷，有詛咒之嫌，而成為文字獄事件。

羅山為京學朱子學派，在編修史書時，曾以中國著作為參考範本。一是北宋政治家司馬光所著**《資治通鑑》**，另一本是將前書擷取濃縮並加以批判的南宋儒學家朱熹（朱子）的著作《資治通鑑綱目》。

《資治通鑑》講解君王統治，應以德為本，《資治通鑑綱目》則強調「大義名分」（尊王，強調君臣名分），為該等典籍特有的特色。

羅山試圖根據這兩種觀點來解釋歷史變遷，然而中國屢屢改朝換代，日本則是在皇族之下歷經武士政權的更迭，情況自然不同。因此，羅山在《本朝編年錄》中，決定避免根據大義名分進行闡述，僅就事實客觀陳述。

羅山死後，其子鵞峰接手修史作業，也同樣遵循此方針。當時，在水戶藩主德川光圀的主導下，另行編修了《大日本史》（見第 248 頁）。然而，《大日本史》與《本朝通鑑》在「三大特筆」的解釋上，各有各的看法。

所謂三大特筆，是《大日本史》提出的三大歷史觀點，也是其特色所在。《大日本史》主張：「神功皇后不列入《帝紀》」、「承認大友皇子的皇位」、「以南朝為正統」。

另一方面，《本朝通鑑》的立場如下。關於神功皇后，與《日本書紀》同樣將其列入《帝紀》，以避免對皇族進行不必要的評論。至於大友皇子，由於忌諱更改前朝的處置，故仍承認大友皇子皇位的正統性，但未將其列入歷代天皇席位。在南朝和北朝正統性的探討上，則同時並列兩朝年號，在道統（正統與異端）的判斷上，模糊焦點。

誠如以上，《本朝通鑑》<u>在歷史認知的爭議上，並未表達明確立場</u>，這也是該書今日評價不如《大日本史》的原因之一。

影響 《本朝通鑑》刺激德川光圀加快修史

然而，《本朝通鑑》中所展示的歷史觀，終歸只反映出林家作為幕府官方學者的立場，尤其是鵞峰個人對歷史的看法，與德川光圀十分相近。

有意見認為，《本朝通鑑》中「天皇祖先為中國吳太伯[13]」的記述觸怒了光圀，故而驅使他推動《大日本史》的編纂。然而，現存的《本朝通鑑》中並無相關記載，況且鵞峰在書中明確表示，不採用「源起吳太伯」的論述，因此普遍相信沒有上述意見這回事。

但不可否認的是，光圀確實受到《本朝通鑑》的刺激。《本朝通鑑》重啟編修後，鵞峰與光圀兩人在水戶藩官邸交換意見，光圀趁此機會，要求參觀國史館（《本朝通鑑》的編纂機構）。不久後，光圀便加快《大日本史》的編修作業，足見兩人相互切磋，為修史共盡心力。

伊藤老師短評

日本儒家分為五派：①朱子學派、②陽明學派、③古學派、④折衷學派、⑤考證學派。此外，朱子學派又可細分為京學派與南學派，京學派以藤原惺窩為始祖，南學派則以南村梅軒和谷中為先驅。林羅山為京學派的幕府官方學者，闡述天人合一思維，提倡正名論，將上下貴賤之別予以正當化，為確立幕藩體制[14]秩序，付出巨大貢獻。不光是日本史，同時也是倫理學科的名人！

---

13 根據《史記‧吳太伯世家》的記載，吳太伯本姓姬，為周氏部落首領長子，其父欲傳位給第3子，太伯不想引發內亂，避走南方，斷髮紋身，土著奉他為王，遂成吳國開國之君。

14 江戶時代，以將軍為最高統治者的封建政權體制，幕府統治全國各地藩國。

葉隱

影響武士道的
經典著作

作 山本常朝、田代陣基	年 江戶時代中期
數 11 卷	分 思想論

概要 「所謂武士道，即視死如歸」

　　《葉隱》是江戶時代中期，佐賀藩（肥前藩）藩士山本常朝口述，再由同為佐賀藩士的田代陣基彙整而成的著作。書中「所謂武士道，即視死如歸」這句話，讓《葉隱》聲名大噪。

　　本書共 11 卷，第 1 卷到第 2 卷包括序文〈夜陰閒談〉，以及對佐賀藩士的規戒；第 3 卷到第 5 卷記載藩祖（第 1 代藩主鍋島勝茂的父親）直茂到第 3 代藩主綱茂的事蹟和言行；第 6 卷到第 9 卷講述有關佐賀藩士的軼事；第 10 卷為其他藩國武將的逸聞；第 11 卷為全書的補遺。

背景 批判山鹿素行的「士道」

　　山本常朝生於萬治 2 年（1659 年），為第 2 代藩主鍋島光茂的家臣，擔任御書物役（負責蒐集及彙整文獻的官職）等職位。元祿 13 年（1700 年），光茂死後，常朝原欲自殘追隨主公，但光茂

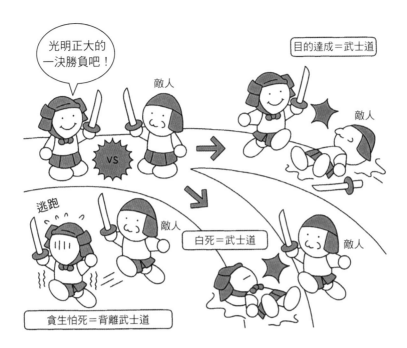

在生前比幕府早一步於藩內頒布「殉死禁止令」，最後常朝決定剃髮隱居。

　　寶永 7 年（1710 年），田代陣基來到隱居處探望常朝。常朝開始向這名小 19 歲的年輕藩士，講述自己及佐賀藩過往的種種事蹟。此後他們花了 7 年的時間，終於完成《葉隱》。

　　正如本篇開頭第 1 段所示，《葉隱》闡述了常朝對「武士道」的看法。**山鹿素行**是著名的軍事學家，也是儒學家。他創立古學派，提倡「聖學」，是江戶時代中期論述武士道精神最具代表性的理論家。然而，常朝在《葉隱》中批評素行所倡導的「儒家」武士道。

　　素行的武士道又稱「**士道**」，其特色在於直接定義武士的職責所在。不同於農工商三民，武士不從事生產、製造或買賣。因此，素行認為武士必須有所自覺，負起責任，擔任「**三民之師**」，並根據儒

家的忠孝思想，傳授三民道德觀念，成為他們的倫理導師。相較於戰國時代的武士，「士道」所呈現的武士形像，更講求理性與道理。

關注 武士道即視死如歸

另一方面，《葉隱》中記載的武士道，其根本依舊為忠誠，但書中所描繪的理念，更貼近中世紀的武士形象。「所謂武士道，即視死如歸」之後的本文，意譯如下。

「或生或死，若只能二選一，唯死而已。未達目的而死，為白白送死，此種都城（京都大阪一帶）人士的觀點，未免輕浮草率。在攸關生死的危急關頭，又有誰能即時判斷，能否確實達成目標？

凡人都求生而不願死。然而，應當赴死的關鍵時刻，貪生怕死，乃懦弱的表現。未達目的而死去，雖為白死，但並不可恥。這才是生於武士道的男子漢。

日以繼夜不斷思考死亡，方能頓悟身在武士道的覺悟，履行武士應盡的職責。」

文中「都城人士的輕率觀點」，指的就是儒家的武士道，其所追求的理性，也就是工於心計的部分，與常朝的武士道互不相容。素行曾在赤穗藩中直接指導大石良雄（內藏助）等人，後來這些赤穗浪士襲擊了吉良宅邸，時間發生在常朝開始口述的 8 年前。對於赤穗浪士們的行動，《葉隱》書中也提出了批判：「浪費太多時間了。敵人如果在行動前病死，這個仇要找誰報？」

常朝提倡的武士道，是一種不顧一切的武士道，他自己以「死狂」二字形容，意思是「拼死一搏」。《葉隱》中記載：「武士道就是一種死狂。直茂公說過，即使以一擋百，也絕不會被擊潰。依循理智，無法成大事。在武士道，無須論忠孝，只需瘋狂的拼死一

搏，忠孝自在其中。」

影響 《葉隱》是一本人生指南

　　從前述引用的內容可以看出，儘管《葉隱》使用了強烈的字眼，但其中所談論的內容，全是武士應有的心性與生活方式。

　　然而，在九一八事變和第二次界大戰的太平洋戰爭中，日本軍方大力宣傳武士道精神「身為日本武士，應為君主捨身奉獻」。不論是一二八事變（1932 年），抱著炸彈衝入敵陣，與敵軍同歸於盡的肉彈三勇士，或是二戰末期的神風特別攻擊隊（特攻隊）和人肉魚雷，都是假借《葉隱》包裝美化而成的瘋狂行動。

　　如此極端的解讀，到了戰後才有所轉變。作家三島由紀夫在戰爭期間閱讀《葉隱》，細讀後他領悟到，《葉隱》乍看貌似在鼓吹死亡，但實際上在談論生命的光輝，並於昭和 42 年（1967 年）撰寫《葉隱入門》一書。

　　時至今日，主流趨勢依舊將《葉隱》視為「人生指南」，市面上諸多商業或自我啟發的相關書籍，也經常引述常朝的金玉良言。江戶時代的武士是身在組織裡的個體，與現代商務人士總有幾分相似，這使得《葉隱》成為一本現代社會的生活啟示錄，備受關注。

伊藤老師短評

當人們大聲喊出「工作生活平衡」的口號，愈來愈少人願意為了工作拚死拚活，犧牲奉獻。但除非家中擁有雄厚的資金與人脈，否則只有那些年輕時努力工作的人才得以成功。這樣的現況，不禁讓人覺得，這種口號似乎是成功人士為了阻止其他人成功所設下的計謀……

聖教要錄

せいきょうようろく

軍事學家對朱子學派的
評論著作

作 山鹿素行	年 寬文 5 年（1665 年）
數 3 卷	分 思想論

概要 從素行的講義紀錄，節錄核心理念

　　朱子學派為日本儒學的一門學派，在江戶時代被幕府採納為官學。山鹿素行是江戶時代前期的軍事學家，剛開始他也學過朱子學。但後來，素行批評朱子學缺乏實際的應用性，理論太過抽象，並率先提倡古學（素行取名為「聖學」）。古學派批評受佛教和道教（老莊思想）影響的儒學思想（如後來出現的朱子學派及陽明學派），主張「應回歸孔子和孟子的原著，以及更早以前的思想」。《山鹿語類》是素行向門生講課的紀錄，《聖教要錄》則是從《山鹿語類》節錄核心內容，彙整編修而成的思想論著，其中「聖教」指的便是儒學。該書從「道」、「理」「性」、「德」、「仁」等28 項目闡釋儒學教義，並對朱子學派提出批判。

背景 有利於幕府的「理氣二元論」

　　元和 8 年（1622 年），素行出生於陸奧國會津（今福島縣會

176

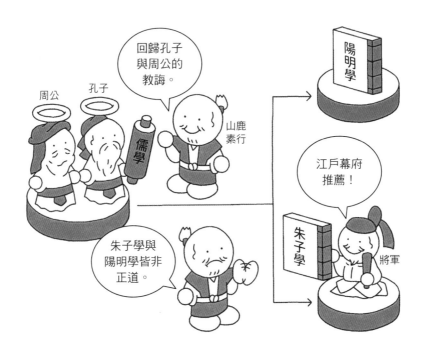

津若松市）某個流浪武士之家。從 8 歲開始，素行便在幕府大學頭林羅山（道春）的指導下學習朱子學，並向小幡景憲、北條氏長等軍事學家學習甲州流軍事學。

　　人人譽為才子的素行，在承應元年（1652 年）受聘前往播磨國（今兵庫縣西南部）<u>赤穗藩</u>淺野家的江戶府邸。據說素行在完成<u>山鹿流軍事學</u>的學業後，繼續鑽研其他學問，並在 40 多歲以後開始對朱子學派產生疑問。

　　在此容我簡短介紹儒家、儒學、朱子學派的差異。儒學是一門系統性了解儒家的學問，而儒家是由孔子所創立的思想。孔子生於西元前 6 世紀，為一名思想家。孔子確立人應遵守的「五常」之道「仁、義、禮、智、信」，其中他特別重視為他人著想的「仁」德，

認為此乃儒家最高的道德規範，以仁愛治理人民為「王道」，更勝於以武力統治的「霸道」。

這些儒家學說，後來成為一國之中德行最高的帝君，治理國家的依據。然而，儒家對於天地萬物存在於宇宙中的原因，並未提供充分的解釋。

到了 12 世紀末葉，當時的儒學由<u>南宋朱熹（朱子）</u>集大成，提倡**朱子學**，又稱宋學。

朱子學派提出「<u>理氣二元論</u>」，「<u>理</u>」是萬物存在於世上的宇宙原理，「<u>氣</u>」是構成萬物的物質素材。理氣二元論認為，世間一切現象皆遵循「理」的法則，同時也認同在帝王與人民之間存在所謂的「士大夫」（官僚和地主等統治階層）。這種思想，對在天皇腳下建立封建制度的江戶幕府來說，非常方便。

關注 誤人者，乃天下大罪人

素行也學過朱子學，但他對於萬物同源的想法感到疑惑。他認為，武士有武士的「理」，町人[15]有町人的「理」，農民有農民的「理」，然而朱子學派無視社會不同階層人們的欲望和自然反應，是一種極度抽象且缺乏實用性的理論。

「聖人遠去，其言漸晦，漢、唐、宋、明學家欺世盜名，謊話連篇。誤導世人者，乃天下大罪人……吾以周公孔子為師，不學漢、唐、宋、明儒學家。」

素行在《聖教要錄》序文中的這段話，既是對以往朱子學家及陽明學家的嚴厲批判，同時也表明了他對儒學研究所秉持的態度。換言之，素行試圖從<u>孔子等人稱聖人的思想家的著作原著</u>重新學習儒家，而不是依賴後世學者編寫的注釋書。

---

15 在江戶時代的身分制度下，士農工商中最低的兩層階級。

其他與素行的「聖學」同樣批評朱子學派的儒學流派稱為「古學派」，後來又出現其他學派，如伊藤仁齋的「古義學派」（堀川學派），及荻生徂徠的「古文辭學派」（又稱蘐園學派）。

影響 陸軍大將將《中朝事實》視為寶典

素行批判的對象僅止於朱子學派，從未談論到幕府本身。然而，幕府卻將其著作《聖教要錄》視為「不當書物」，將素行幽禁在赤穗。

素行在赤穗又寫了《<u>武家事紀</u>》等多本著作，其中，他在《<u>中朝事實</u>》中比較中國與日本皇室，闡述日本天皇血統的優越性。中國歷代王朝更迭頻繁，日本皇室血統卻是萬世一脈，從未中斷。這是因為天皇德性優越，因此素行認為，日本才是真正的「中華」。

其主張最終與尊王思想連成一氣。據說幕府末期，在長州藩教授山鹿派軍事學的吉田松陰，曾尊稱素行為「先師」。此外，據說明治時代的陸軍大將乃木希典將《中朝事實》視為寶典。明治天皇死後，他決意自殺追隨其後。在自殺前，他曾將該書親手交給迪宮裕仁親王（後來的昭和天皇）。

伊藤老師短評

元祿 15 年（1702 年）12 月 14 日（15 日凌晨），赤穗浪士襲擊吉良府邸時，是以素行的門生大石良雄（又名大石內藏助）擊響「山鹿派陣太鼓」為信號，揭開序幕。這段故事，相信大家耳熟能詳。素行被流放到赤穗 9 年後，終於獲得赦免，之後在江戶寫下自傳作品《配所[16]殘筆》，並擁有眾多弟子與擁護者。

---

16 流放地。

東寺百合文書

了解中世紀莊園制度的
第一手史料

作 不詳	年 18 世紀
數 約 2 萬 5000 封	分 書信

概要 傳承千年的龐大文書

　　東寺（教王護國寺）位於京都市，是 8 世紀末，遷都平安京後所創建的官辦寺院。當時帝都只有東寺與西寺兩座寺院，東寺是 9 世紀前葉嵯峨天皇賜給空海（弘法大師），與紀伊國（今和歌山縣）高野山金剛峰寺並列為真言宗的核心寺院。一直到 18 世紀為止，近千年來，約有 10 萬封文件傳承下來。

　　這些文件統稱為「東寺文書」，其中由加賀藩主前田綱紀（後述）保存在 100 個桐木盒中的文件，合稱為「東寺百合文書」，約 2 萬 5000 份，這當中包含許多鎌倉時代與室町時代的相關文件，是了解中世紀日本不可或缺的歷史資料。

背景 保管文件是為了確保寺院順利營運

　　遷都平安京後，為了守護帝都東方的安全，宮廷於 2 年後、也就是延曆 15 年（796 年）興建東寺。

　　東寺的興建，旨在「鎮守國家」，守護國家安康，在古代深得追求「現世利益」的皇室貴族信仰，中世紀亦受到武士和平民的信奉，是一座非常重要的寺院，其中所收藏的文書內容也大多與寺院管理有關。

　　當時僧侶們的主要職務，是舉行佛教活動、法會及祈禱，具體細節由僧侶會議決定。東寺百合文書中的「引付」，意思是會議紀錄，「廿一口方供僧評定引付」表示「廿一口方」這個僧侶組織開會的會議紀錄。

　　再加上東寺為官辦寺院，與朝廷和幕府關係密切，也因此保存了許多與宮廷或武家往來的聯繫文件。

　　此外，東寺擁有 200 多座莊園（私有地），百合文書中也留下許多與土地所有權相關的法令文件。為了確保寺院順利營運，一一

記錄並保存所有相關事宜，確實有其必要性。

關注 揭發當時的農村亂象

東寺藏有許多中世紀文件，其中最著名的莫過於鎌倉時代的〈永仁德政令〉。當時的領地採分割繼承，隨著世代傳承，莊園領地也不斷愈分愈小。武家充當莊園的地頭，代替領主管理莊園與徵稅，也因此愈來愈窮困，許多人便將領地抵押出去。土地歸還訴訟，是導致債權人和債務人精疲力竭的原因之一。

根據東寺流傳的文件，永仁5年（1297年）的〈關東御事書法〉規定，〈永仁德政令〉禁止抵押與出售鎌倉幕府家臣的領地，既已抵押或出售的土地，必須以無償方式物歸原主。

此外，在莊園中，官吏與農民經常發生衝突。室町時代，寬正4年（1463年）在備中國（今岡山縣西南部）的新見莊，發生了一起代官[17]殺人事件。這起事件是透過一名女性「玉垣」的書信所揭發。這封〈玉垣書信〉出自農村婦女之手，這在中世紀實屬罕見。由此亦可證實，東寺百合文書確實具有非常高的歷史價值。

東寺百合文書的另一個特色是，除了文書以外，還包含許多繪圖。明應4年（1495年），山城國（今京都府南部）有多個村落，為了搶奪桂川水源的使用權而爆發衝突。當時審判時所提交的繪圖記錄了各村落的地理位置關係，該副本至今依舊保存良好。東寺百合文書不僅記錄了寺院、官府和武家的情況，還如實反映當時農村社會的狀況。

影響 獲得聯合國教科文組織認證的東寺百合文書

隨著時代變遷，土地所有權的制度也不斷演變。到了江戶時

---

17 江戶時代，幕府及各藩直轄地的地方官。

代，東寺保存的舊有法令和裁判紀錄已失去作為實例集的實用性，轉變成一種純粹供學術研究時代歷史的文獻。

正如開頭的概要中所提，17 世紀末葉到 18 世紀前葉的加賀藩第 4 代藩主（若從加賀藩的創始者前田利家算起，則為前田家第 5 代當家）前田綱紀，非常熱愛學習，甚至命家臣前往日本各地蒐集各種書卷。據說，他向東寺外借文書，致力抄錄並製作目錄。每當綱紀將借來的文書歸還東寺時，都會**贈與 100 個桐箱**作為回禮。東寺百合文書的特色之一，就是保存完善，這一點可說是綱紀的功勞。

東寺傳承了約 10 萬份文獻，將其中約 2 萬 5000 份的百合文書出售給京都府，目前存放在京都府立綜合資料館的「京都學歷彩館」。東寺保管這些文書時，原則上不對外開放，但現在可透過資料館營運的「東寺百合文書網站」，以圖像形式閱覽百合文書的原稿。也就是說，這些**對中世紀歷史研究學者而言不可或缺的第 1 手史料**，現在可在網站上自由閱覽。

東寺百合文書的歷史價值得到國內外的認可，平成 9 年（1997年）被列為日本國寶，並於平成 27 年（2015 年）**登錄在聯合國教科文組織「世界記憶名錄」中**。

Chapter 3 從安土桃山時代到明治時代

伊藤老師短評

每年教到「百合文書」，都有約一成的學生會把「百合」念錯音，讀成百合花的「Yuri」，擅自幻想女孩子嬉鬧的場景，內心小鹿亂撞，上課不專心。所以在課堂上，我通常會提醒「這裡的讀音可不是百合花，別搞混了！」這反而戳中青春期高中生的萌點，因而在課堂問卷中博得好評。就結果來看，我也受益良多。真是個「聯合國教科文組織好吃驚」的隱性評估重點！

農業全書

のうぎょうぜんしょ

網羅當時所有農作物的
指南大全

作 宮崎安貞、貝原樂軒		年 元祿 10 年（1697 年）	
數 11 卷		分 農學書籍	

概要 記述日本風土氣候的農業知識

　　《農業全書》是**日本第 1 本**以印刷形式發行的**農學書籍**，共 11 卷。第 1 卷《農事總論》講述耕田與除草方法等，所有農作物品種所需的必備知識，第 2 卷到第 10 卷搭配豐富的插圖，詳細介紹各品種的特色和栽種方法。

　　本套主要部分的第 1 卷到第 10 卷的作者為農學家**宮崎安貞**，他參考中國**明朝**學家**徐光啟**的農學著作《**農政全書**》，根據自己在各國遊歷時獲得的知識，以及自身的農業經驗，有系統的記述符合日本氣候的農業知識與技術。**序文由著有《養生訓》、《大和本草》等著作著稱的本草學家貝原益軒撰述**，記述補充資料的第 11 卷則由益軒的兄長、同樣是本草學家的貝原樂軒撰寫。

背景 鼓勵生產經濟作物

　　安貞生於元和 9 年（1623 年），為廣島藩士宮崎儀右衛門的

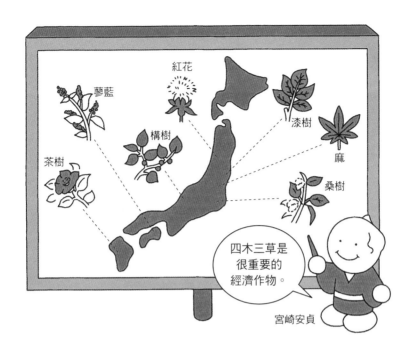

四木三草是很重要的經濟作物。

宮崎安貞

次子。儀右衛門在廣島藩擔任山林奉行（負責掌管山林相關管理事宜），安貞自幼便跟隨著父親漫步在山林之間。

　　安貞成年後於福岡藩做官，30 歲左右毅然捨棄武士身分，原因不明。

　　安貞離開戶籍地後，在九州、畿內 [18] 等地旅行，累積農業相關知識，之後定居在福岡女原村（今福岡市西區），從此一生致力於農業。那時，安貞還向本草學家貝原益軒請益，學習農事。本草學是發祥於中國的博物學 [19]，相當於現代藥學，藥草栽種也是一門與農業密切相關的學問。安貞在益軒與其兄長樂軒的支持下，出版《農業全書》。

　　17 世紀末葉，日本正處於貨幣經濟發展時期。當時農村地區

18　古時王都及其周圍地區，相當於今日大阪、奈良、京都一帶。
19　研究自然界各種事物的學科，包括動物、植物、礦物等項目，今日已細分成各種專科領域。

「<u>自給自足經濟</u>」的傳統模式已然結束，農民也開始融入都市地區「<u>商品貨幣經濟</u>」的體系中。人們需要貨幣購買釘耙、脫殼機、風鼓車、篩穀機等新式的改良農具，以及魚肥、豆餅、油餅等新肥料（化學肥料）。

此外，當時的農業生產力提高，有餘力的農村開始生產自用以外的經濟作物。

然而，寬永 20 年（1643 年），幕府頒布禁令，禁止未經許可即在田間隨意耕種作物（作付制限令），不可在主要稻田種植<u>五穀（米、麥、黍、粟、豆）</u>以外的經濟作物。其背後原因，是為了維持重視米糧的農本主義思想，以及持有土地的本百姓 [20] 制度。

這項法令遭到各藩強烈反對，據說農民在各藩的保護之下，實際上對禁令也大多置若罔聞。換個角度來看，這說明經濟作物的需求非常大。

關注 希望全國富足

要生產得以高價出售的優良農作物，必須具備相關的正確知識和技術。《農業全書》正好滿足農民這方面的需求。

當時以五穀為主食，但相關介紹僅出現在第 2 卷，第 3 卷到第 10 卷都在講解經濟作物。其中，<u>四木三草</u>（<u>四木</u>為構樹、桑樹、茶樹、漆樹，<u>三草</u>為紅花、蓼藍、麻）對各藩而言都是重要的收入來源。《農業全書》中詳細記載這些作物的高效生產方法，反映出安貞不僅希望促進農村繁榮，更試圖推動各藩乃至日本全國的富足。

每個作物品種的說明都十分具體且實用。例如，關於作為中藥材使用的「山藥」（將長山藥切長條薄片後曬乾），解說如下：「將長山藥切薄片，約三寸長，切勿使用鐵刀。灑米粉拌勻後，用細繩

---

20 主要指江戶時代向領主（藩主或德川幕府）繳納年貢的農民階級。

串起，晾在竿上，或可平鋪在架上或草蓆上晾曬。」

影響 日日研讀的重要參考書籍

《農業全書》在元祿 10 年（<u>1697 年</u>）以木版印刷發行後，立即成為暢銷書。據說前水戶藩主德川光圀（水戶黃門）也對該書讚不絕口，稱其為「值得每日專研的優良讀物」。

在《農業全書》出版前，其實已有其他農學書籍，例如內容涵蓋農學記述的軍記物語《<u>清良記</u>》，以及稍後出版的《百姓傳記》、《會津農學書籍》等著作，但這些都是僅限定在某特定地區的書籍。《農業全書》可應用在全國範圍，光是這點，便彰顯其出類拔萃的地位。此後，《耕稼春秋》等受本書影響的農學書籍相繼問世。

《農業全書》多次再版，一直到明治時代，依舊廣受大眾閱讀。可惜的是，安貞在初版發行當年辭世，享年 75 歲，無從得知其著作出版後所獲得的廣大迴響。

19 世紀以後，<u>**大藏永常**</u>的農學著作《<u>**農具便利論**</u>》、《<u>除蝗錄</u>》、《<u>**廣益國產考**</u>》，及<u>佐藤信淵</u>的農政書《<u>**農政本論**</u>》備受關注，包括安貞在內，3 人被稱為「江戶時代的<u>**三大農學家**</u>」。

伊藤老師短評

《農業全書》也是一本滿滿考試重點的著作。農業是一個講究踏實的領域，所以用來測試最方便，可以測出一個人「是否認真學習書中知識」，還是單純只是個喜歡歷史的人。話說回來，江戶時代的「農本主義」，認為農業與土地乃一國之根本。在 COVID-19 肆虐下，日本似乎有從「無國界社會」重返「有國界社會」的跡象。在這種情況下，現代日本或許有許多地方可以向前人學習。

塵劫記、發微算法

將和算推向新境界的
奇才著作

作	吉田光由（塵劫記） 關孝和（發微算法）	**年**	寬永 4 年（1627 年）（塵劫記） 延寶 2 年（1674 年）（發微算法）
數	4 卷（塵劫記） 1 卷（發微算法）	**分**	數學書

概要 日本特有的傳統數學「和算」

　　今日我們在學校學習的算數和數學，主要是明治時代傳入日本的西方數學。當然，在這之前，日本已經存在所謂的數學。其中，江戶時代的數學稱為「**和算**」，其特色在於使用算籌（舊時計算數目所用的器械）、和算算盤（設有多個方形區塊擺放算籌的木盤）和珠算算盤等道具。和算是**日本特有的數學**，和算家吉田光由與關孝和對和算的發展貢獻最為顯著。

　　吉田光由的代表著作《**塵劫記**》中，彙整了九九乘法、面積和利息計算等方法。這些是日常生活必需的數學基礎知識，廣為民眾閱讀。

　　和算家**關孝和**比光由晚約 50 年，不僅是天才數學家，更被後人尊為「算聖」。孝和終其一生發表了許多著作，《**發微算法**》更將和算推升到世界頂尖等級的水準。

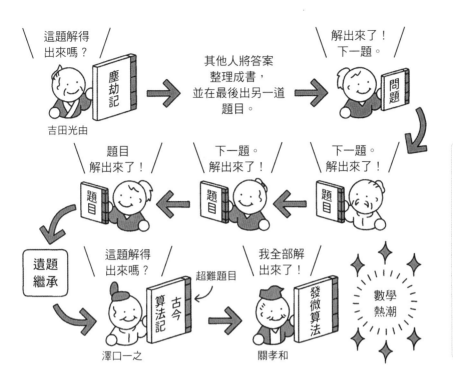

背景　留給後代數學家的「挑戰書」

　　儘管鮮為人知，但其實日本江戶時代十分流行數學，「**遺題繼承**」就是當時大家最熱中的解題活動。

　　當時的數學家會在著作中出一些數學題目，留給比自己年輕一輩的數學家解題。這些都是來自作者的「挑戰書」，而後世的數學家們，也不負作者期待，努力鑽研，解出答案。當他們在自己的著作中公布答案後，又會向下一代的數學家出題挑戰。這樣的交流，延續了整個江戶時代。

關注 世界頂尖數學家關孝和

　　吉田光由是遺題繼承的創始人，也是第 1 位出題的作者。《塵劫記》於寬永 4 年（1627 年）發行初版，並在寬永 18 年（1641 年）刊行修訂版《新編塵劫記》。新版最後列出了 12 道數學題，但未提供答案。他這樣做，有以下的用意在。

　　《塵劫記》在江戶時代非常暢銷，塵劫 [21] 一詞幾乎快成為「數學」的代名詞。也因此，出現了許多仿造的盜版書。然而，這些數學家作者程度太差，以致盜版內容錯誤連篇。光由希望透過自己出的題目，讓這些程度低劣的數學家解題，藉以淘汰劣者。結果，遺題繼承大幅提升了日本和算的水準。

　　多年後，澤口一之於寬文 11 年（1671 年）出版《古今算法記》，並在書中列出 15 道題目。一之是日本第 1 位習得「天元術」的知名數學家。

　　天元術是一種源自於中國，解決代數問題的方法，但在算籌與算盤上，無法表示未知數或整數以外的係數。《古今算法記》中揭示的數學題目為多元方程式，當時的和算，解不出答案。

　　破解上述難題之人，正是人稱「算聖」的關孝和。孝和沒有使用算籌，而是在紙上用筆運算列出消去未知數的方法，並將之彙整成書，於延寶 2 年（1674 年）出版《發微算法》。這套代數方程式的解法稱作「傍書法」或「點竄術」，是世界上最早出現的結式與行列式的數學例題，獲得高度的評價。

　　此外，孝和在正德 2 年（1712 年）出版的《括要算法》中，使用正 131072 邊形，精準算出小數點後第 11 位的圓周率。孝和當時的方法，與「艾特肯加速法 [22]」相同，只需使用少數的算式，即可求出精準的近似值。西方世界於 1876 年才提出這套方法，由此

---

21 「塵劫」為佛教用語，表示永無止盡的時間。取名為「塵劫記」，蘊含著「這是一本即使長久流傳，其中所述理論也永恆不變的真理之書」的意思。
22 由紐西蘭數學家艾特肯（Alexander Aitken）發明。

可見，孝和身為數學家的實力，堪稱世界第一。

影響 寺院神社的「算額奉納」

在數學家之間廣為流傳的遺題繼承，逐漸普及到一般民眾，只不過他們的交流舞台轉移到寺院神社。

民間的數學愛好者在解出數學難題後，會前往寺院神社參拜，向神佛表達感恩之心。此舉在江戶時代中期掀起「算額奉納」的風潮，就是把數學問題寫在匾額或繪馬[23]上，稱為**算額**，並將之獻納給神佛。這種做法與遺題繼承如出一轍，據說有些愛好者甚至為了追尋新的數學難解，遊歷日本全國各地。

然而，到了明治時代以後，西方數學從德國傳入，導致和算迅速沒落。從另一個角度來看，這也表示日本從和算轉向西方數學的過程相當順利，間接證實當時日本人對數學十分熟悉。如果沒有吉田光由與關孝和等人積極的行動，日本在自然科學領域（理工科）的發展可能會更加緩慢。

伊藤老師短評

我當初靠英文、國文與社會這 3 科考進法政大學史學系，25 年後重考大學，還是以相同的科目考進早稻田教育學系。不過，我已經厭倦這種逃避數學的人生了。所以我決定報考某間國立大學的理工科，目前正從小學 3 年級的算數開始重新學習。讓我鼓起勇氣做出這項決定的人，正是本章節的兩位主角。現在的我，就是一邊自我催眠：「日本人從以前就很擅長數學！」一邊努力學習數學這個世界共通的語言。

---

23 繪馬是日本在祈願或還願時，向神社或寺院獻納的木製匾額。

讀史余論

とくしよろん

從武士觀點
重新建構歷史的論著

作 新井白石	年 正德 2 年（1712 年）
數 3 卷	分 歷史書籍

概要 以獨特的時代劃分，解釋歷史上的政權更迭

18 世紀初，在江戶幕府第 6 代和第 7 代將軍時期，側用人[24]間部詮房與儒學家新井白石，共同主導政治改革，史稱正德之治（正德政治）。

白石在其代表著作《讀史余論》中，以獨特的時代劃分，講解平安時代以後的政權變遷，並根據朱子學理論，闡述德川將軍執政的政權正統性，實質上為一本歷史論著。本書共 3 卷，第 1 卷為總論，第 2 卷論點涵蓋平安時代到南北朝時代，第 3 卷講述江戶幕府成立以前的歷史軌跡。

背景 挑戰以往困擾儒學家的最大難題

白石雖為幕府策士，但他幼時的成長環境並不優渥。其父侍從上總國（今千葉縣中央部）的久留里藩主土屋直樹，因藩主被貶，淪為平民，使得父子兩人陷入困境，過著流浪的生活。即使生活貧

---

24 江戶幕府官職，相當於近侍，服侍在將軍左右。

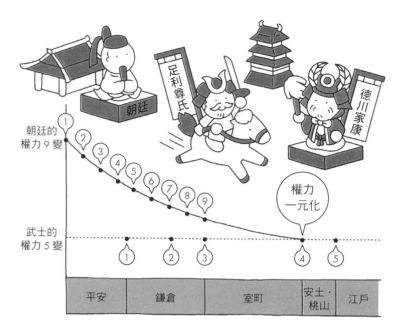

困，白石依舊努力學習，師從朱子學家**木下順庵**。並在 37 歲成為侍講（教導主公學問的講師），教授比自己小 5 歲的**甲府藩主德川綱豐**。

　　當時的第 5 代將軍德川綱吉，由於長子德松在 4 歲時去世，後繼無人，因此綱豐在 43 歲時改名家宣，入住江戶城，成為叔父綱吉的養子。這時，白石也已晉升為旗本，並在寶永 6 年（1709 年），以當時的 47 歲高齡，輔佐第 6 代將軍家宣。白石持續為家宣進講（對身分高貴者進行講學），並於正德 2 年（1712 年）編寫《讀史余論》，作為進講時使用的教材。

　　身為官方學者，對外展現德川家的正統性，是非常重要的職責。然而，過去的朱子學家，如林羅山（道春）和鵞峰（春齋）父子等人，無法對以往的政權更迭，提出合理的解釋，而白石撰寫《讀史余論》一書，正是對這個難題的一大挑戰。

關注 日本也發生易姓革命了嗎？

　　《讀史余論》這本歷史論著最大的特色，是白石在書中以其特有的時代劃分，闡述日本歷史。書中將此種劃分稱為「**天下九變五變論**」，指出從攝關政治開始到武士政權的確立，**宮廷政治**發生了**9 次變遷**，恰巧可以對應以天皇為首的朝廷權力逐漸衰落的過程。概括而言，藤原良房就任攝政為第 1 次變遷，安和之變以後常設攝關體制為第 3 次變遷，三上皇（白河、鳥羽、後白河）的院政制度為第 5 次變遷，後鳥羽天皇以後將軍事權委任鎌倉幕府為第 6 次變遷，後醍醐天皇實行建武新政為第 8 次變遷，足利尊氏在北朝光明天皇在位之下建立幕府為第 9 次變遷。

　　此外，**武士政治**也歷經了 **5 次變遷**。源氏創建鎌倉幕府為第 1 次變遷，北條氏執權政治為第 2 次變遷，足利氏建立室町幕府為第 3 次變遷，織田信長與豐臣秀吉的織豐政權為第 4 次變遷，以及德川氏的江戶幕府為第 5 次變遷。

　　白石聲稱，宮廷「九變」與武士「五變」在時代上有所重疊，這段期間處於朝廷與幕府雙重統治的「二元支配」。當建武新政瓦解，南北朝合併，並在京都室町幕府主導下實現權力一元化時，天皇王朝實際上已名存實亡。

　　室町以後的王朝，是不同於以往，由武士執政的武家王朝。換言之，在白石的論點下，室町時代的日本發生了類似中國「易姓革命」的現象。

　　易姓革命，是一種儒家將王朝更替正當化的思維。在中國古代，帝王失德，採行「霸道統治」，終將為上天所鄙棄，由另一名具備德行的君主重獲天命，以「王道」治理天下。「易姓」意指帝王姓氏的改變，「革命」則表示天命易主。

《讀史余論》闡述德川家掌握政權的必然性，並嚴格批判過去的統治者。對於前一位執政者豐臣秀吉，指出太閣檢地導致百姓生活貧困等 6 項不當政策。

影響 根據實證主義進行論述的非凡研究和理論

　　除了《讀史余論》，白石還撰寫了許多著作，包括《藩翰譜》，記述 337 位大名的來歷和事蹟；審問義大利耶穌會傳教士西多契（Giovanni Battista Sidotti）後，白石撰寫了《西洋紀聞》與《采覽異言》，以及個人隨筆的回憶錄《折柴記》。

　　在白石的多本著作中，又以古代史研究書籍《古史通》尤為重要。白石仔細審查《日本書紀》等史書後，得出「神即人」的結論。簡言之，這是試圖將被視為神之後裔的天皇，降格到與其他諸侯同等地位，可說是彰顯江戶幕府德川政權正當性的操作一環。此外，《古史通或問》也因首次提出邪馬台國近畿說（大和說）的論點而聲名大噪。

　　白石的研究和理論皆根據實證主義論述，可說是從武士世家角度重新解讀歷史的巔峰。即使考慮到白石強烈親德川的立場，仍獲得眾人的高度評價。

伊藤老師短評

在第 5 代將軍綱吉治理之下，濫用〈生類憐憫令[25]〉，改鑄貨幣失控；相形之下，新井白石主導的正德之治，民生更為穩定。然而，身為學者，受儒家理想主義驅使，白石也推行了不少不切實際的政策，造成內耗與空轉，未能交出成果，使得親信政治備受批判。儘管身為外來者，白石努力不懈，但顯然不是從政的那塊料……

---

25 江戶時代元祿年間發布的禁止殺生法令的總稱。

Chapter 3　從安土桃山時代到明治時代

195

古事記傳

研究《古事記》不可或缺的注釋書

作 本居宣長		年 寬政 10 年（1798 年）	
數 44 卷		分 注釋書	

概要 本居宣長的代表作

　　本居宣長既是醫生，也是一名**國學家**。他所撰寫的《**古事記傳**》，是日本最古老典籍**《古事記》的注釋書籍**。全書共 44 卷，第 1 卷為《古事記》總論，第 2 卷解釋序文以及諸神譜系，第 3 卷以後才是正文的注解。

　　宣長秉持實證主義，仔細研讀分析《古事記》中每個字句的含意，耗費 **35 年的光陰**，才完成所有注釋。時至今日，《古事記傳》的價值依舊不變，是研讀《古事記》時不可或缺的重要參考資料。

背景 重新審視古代精神與文化的日本國學

　　日本在江戶時代，除了幕府官學的朱子學派（儒家學派），亦盛行陽明學派、古學派、折衷學派（以上皆為儒家學派）、蘭學（洋學）等學問，然而這些都是源於國外的思想哲理。18 世紀以後，基於反思的力量，國學逐漸興起，試圖重新審視日本古有的精神與

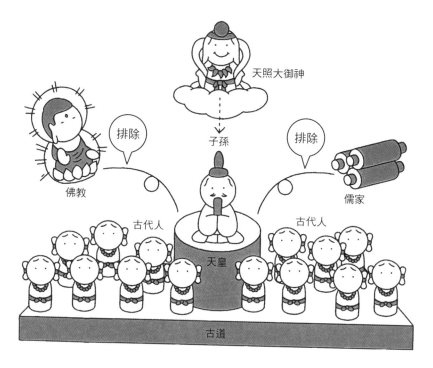

文化。

　　宣長年輕時，對和歌有著濃厚的興趣。他對紫式部的《源氏物語》以和歌詮釋登場人物心境的表現，特別情有獨鍾。他在後來的著作《源氏物語玉之小櫛》與《紫文要領》等注釋本中表示，用來表現「物哀」這種「深切感慨」的言辭，是日本獨特的美感與意趣，完全不受儒家或佛教等外來思想所影響。

　　不久後，宣長關注的焦點，從平安文學延伸到奈良時代以前的上代文學，並在寶曆13年（1763年）與賀茂真淵會面。真淵以研究《萬葉集》聞名，著作有《國意考》、《萬葉考》、《歌意考》等書。當宣長得知真淵造訪自己的居住地伊勢國松坂（今三重縣松

阪市）時，專程拜訪真淵的下榻處，兩人一見如故，徹夜暢談。從此以後，兩人保持書信往來，締結師生關係，蔚為美談。

真淵與宣長都有撰寫《古事記》注釋的願望，但真淵當時66歲，年事已高，於是年僅33的宣長，決意繼承其志，開始著手編撰《古事記傳》。師生兩人，經常持有不同的觀點。例如，真淵以上代文學《萬葉集》的「男子氣概」為理想，至於中古文學《古今和歌集》中的「溫柔婉約」，宣長則給予高度評價。

關注　《古事記》方為「真相之書」

宣長在撰寫注釋時，深入比較《古事記》與其他文獻，甚至澈底比對《古事記》各種版本的傳抄本，最後只採用歸納得出的答案。有些問題未能獲得明確的結論，對於這種情況，他會載明「記述不詳」。**這種符合現代實證主義的研究態度**是《古事記傳》的重要特色。

話說回來，《古事記》完成於712年，同時期的歷史書籍，另有720年編纂的《日本書紀》。既然如此，宣長為何受《古事記》所吸引？關於這一點，《古事記傳》第1卷的總論中如此寫道。

「書紀（日本書紀）以後代意志，記述上代事物，以漢國文字，記載皇國意旨，故多有不符合之處；然此記（古事記）未添枝加葉，謹遵古代傳說，如實記載……」

《古事記》與《日本書紀》完成於奈良時代前期，當時尚無假名（平假名與片假名），因此這兩本著作皆以真名（漢字）書寫。然而，《日本書紀》採用漢文體寫成，《古事記》則採用萬葉假名，即以當時對應日文發音的漢字著述。對宣長來說，以當時的日本發音，記述當代事蹟，是一件非常有意義的事，並稱《古事記》才是

真實傳承上古時代真相的「真相之書」。

影響 批判深植日本人身心的「儒家思想」

在那之前，《古事記》一直被定位為研讀正史《日本書紀》時的參考資料，但隨著《古事記傳》的問世，《古事記》本身的價值也獲得認可，提高了地位，兩本書的歷史評價可謂更趨於平等。

18 世紀末，日本國學在宣長和其著作《古事記傳》的推動下邁向巔峰，對後來的日本思想帶來深遠的影響。宣長在《古事記傳》第 1 卷所收錄的《<u>直毘靈</u>》和古典文學入門書《宇比山踏》中闡述，古代日本的和平，是源自天皇——即天照大御神後裔——的統治，所有日本人都應該學習神道、國史與和歌。此外，宣長在隨筆《<u>玉勝間</u>》中抨擊長久深植於日本人精神深處的中國思維，即所謂的「<u>漢意</u>」（儒家思想），主張應回歸日本古代精神「<u>真心</u>」（天生的性情）。

總結來說，宣長認為「日本人必須了解，日本在佛教與儒家傳入並造成影響之前最原始的世界，並追求古道大和精神，也就是遵循神道——惟神之道——的生活方式」。

伊藤老師短評

造訪松阪市（現代寫法），前往本居宣長紀念館，深入了解宣長事蹟，從露台參觀重現宣長故居的鈴屋 2 樓。回程走訪武士住所遺跡的武家屋敷跡，然後前往三井高利的舊宅，也就是松坂地區富商之一的三井家發祥地。這是唯有熟知歷史，才能細細體會的深度之旅。除了在名店「和田金」品嘗松阪牛，不妨試試上述行程，你會發現，松阪市是座令人讚嘆的城市。

都鄙問答

とひもんどう

江戶時代心學家的
商人道德書

作 石田梅岩	年 江戶時代中期
數 4 卷	分 思想論

概要 梅岩與心學學生之間的師徒對話

　　商人**石田梅岩**，生於江戶時代中期的**丹波國**（今京都府中部與兵庫縣東部），他以修習的儒家、佛教與神道的教義為基礎，創立新學問，稱為「**心學**」（**石門心學**）。石門心學的獨特之處在於，論述平民在日常生活中的**道德**與**倫理**等規範，且特別著墨在商人的道德和經營哲學。

　　梅岩在京都開辦私塾，向當地居民教授心學，並將課堂上與學生間的對話，彙整成《**都鄙問答**》。鄙的意思是「郊外、鄉下」（例如鄙野），由於私塾學生不少來自鄉間地區，故而以此題為書名。

背景 江戶時代遭受鄙視的商人

　　梅岩生於貞享 2 年（1685 年），出生在丹波國桑田郡東懸村（今京都府**龜岡市**）的一戶農家。身為家中次子，他從小就在京都吳服屋 26 工作。梅岩個性認真，白天全心投入工作，工作以外的時間，

---

26 由於日本早期的絲織品大多從中國吳越地區進口，因此稱為吳服。

按身分區分

士
農
工
商

按職業區分

商
工
農
士

早晚勤奮埋頭苦讀，學習三教（儒家、佛教、神道），日以繼夜，從不懈怠。

　　吸收愈多的知識，漸漸的，梅岩開始改變志向，不再夢想未來開店，而是希望向其他人傳授三教的道義。梅岩利用工作閒暇之餘，四處拜訪儒學家，並在35歲左右，結識了自己的人生導師——小栗了雲禪僧。此外，透過與知識分子的交流與學習，梅岩頓悟了「盡心知性」的真理。此處的「性」，意指「天命」和「本性」。換言之，梅岩了悟到唯有全心全意了解自己的真實內在，遵從本心，方為做人的道理，同時也是從商之道。

　　梅岩42歲時，辭去商行的工作，兩年後在京都市開辦私塾。

他在門前掛著一塊看板，上面寫著「**不分性別，任何人都可以免費參加**」，吸引了眾多人潮。

　　梅岩在享保 4 年（1729 年）創辦私塾，當時 18 世紀前葉的繁華榮景已然接近尾聲，武士與農民的生活都陷入困境。另一方面，當時也正處於貨幣經濟發展階段，富豪商人無不過著富裕的生活。商人累積財富後，逐漸喪失道德倫理，開始遭受社會批判。商人不事生產，透過中介買賣，從中賺取利潤。當時普遍認為，商業是一種投機事業，正如「士農工商」這句話所暗示，商人的地位遠低於其他階層。

關注 買賣所得利潤與武士俸祿相當

　　對於這些批評和疑問，梅岩在《都鄙問答》中如此答覆。

　　「士農工商四民，各司其職，盡其責任，為主公效力。商人以物品買賣，輔佐世間運轉。買賣所得利益，與武士奉公所得俸祿相當（因此盡可堂堂正正的追求利潤）。」

　　換言之，梅岩認為，士農工商的區別，不在於身分高低，應視為一種職業區分，每個職業都是社會中不可或缺的一部分。這段訓示，**為長久以來遭人貶低的商業賦予了社會存在的意義**，進而推升當時商人的社會地位。

　　當然，這並不表示梅岩鼓勵人們隨心所欲，追求暴利。梅岩認為，**誠實**與**節儉**，以及其根本的勤勉，都是可以輕易實踐的德行，也是商人應遵守的道德規範。他說：「不強行買賣，節制奢侈娛樂，不以增建修改宅邸為樂。如此，即使所得利潤打了 9 折，仍可安家樂業。」

　　梅岩以為，真正的商人，是「希望買賣雙方，皆大歡喜」（顧

客滿意，我也開心），並直言「欺騙他人者，不可與之為伍」。

影響 日本是最早提倡「企業社會責任」概念的先驅

梅岩於延享元年（1744 年）去世後，其弟子致力推廣心學。其中，梅岩的高徒**手島堵庵**將原本只在京都講授的心學推廣至全國，堵庵的弟子**中澤道二**在江戶創辦**心學講舍**。

心學獲得老中首座 27 松平定信的認可後，開始擴展至大名，最終在全國 45 藩國，設立了 173 所心學講舍。

然而，大約百年後，來到 19 世紀中葉，農政家二宮尊德推行的報德仕法 28 等新思想開始備受關注，各地也興起黑住教、天理教、金光教等新興宗教，心學逐漸失去向心力。直到第二次世界大戰後，心學才又再次成為人們關注的焦點。

特別是 1970 年代前後，日本經濟高度成長，但經濟成長所帶來的負面影響，公害污染成為重大問題，人們開始高喊企業應負起社會責任，也就是今日企業社會責任（Corporate Social Responsibility）的概念。心學探討商業與產業在社會中的意義，以及相關從業人員的理想型態，可說是日本最早提出企業社會責任概念的思想理論。

伊藤老師短評

日本 JR 嵯峨野線的龜岡車站附近，有一座石田梅岩的銅像。梅岩並未否定當時的階級社會，而是主張每個階級身分所背負的職責不分貴賤。所以，他認為人們應該滿足於自己的身分和地位所擁有的一切，並留下「知足安分」的至理名言。

---

27 老中是江戶幕府的最高職稱，總管整體政務。首座意為首席。
28 報德仕法的根本意義在於，將以「勤儉讓」為宗旨的報德思想，付諸實踐，藉以提高生產力。

自然真營道

しぜんしんえいどう

倡導自給自足、萬人直耕的
理想社會

作 安藤昌益	年 江戶時代中期
數 101 卷	分 思想論

概要 大部分手稿在關東大地震中毀於祝融

　　<u>安藤昌益</u>為江戶時代中期，出生於東北地區，既是醫生，同時也是一名思想家。昌益在著作《<u>自然真營道</u>》中提倡最理想的社會，是所有人都從事耕作，實現自給自足的「<u>萬人直耕</u>」的世界。他在書中不僅否定當時的封建體制與階級制度，並嚴厲批判既有的宗教與學問。

　　本書有兩種版本，一種是作者親筆手寫的原稿，另一種是印刷本。原稿共 101 卷又 93 冊，於<u>明治末期為人所發現</u>。然而，在<u>關東大地震（1923 年）中，大部分原稿遭到焚毀</u>，僅存的 12 卷又 12 冊原稿，因借出而倖免於難。印刷本於寶曆 3 年（1753 年）出版，共計 3 卷又 3 冊。相較於原稿帶有濃厚的思想理論，印刷本形式上更像一本醫學書籍。普遍認為，這種版本的區分，是為了避免引來幕府的關注。

背景 在幕府政策下，農村生民塗炭

　　元祿 16 年（1703 年），昌益出生於出羽國秋田郡二井田村（今

秋田縣大館市）。昌益生在**秋田藩**的富裕農家，但因是家中次子，無須繼承家業，最後拜投京都醫師味岡三伯的門下。此後，寬保4年至寶曆8年（1744年到1758年），昌益在**陸奧國八戶藩**的城鎮**八戶**（今青森縣八戶市）行醫。普遍認為，《自然真營道》便是在這段期間完成。

昌益出生的元祿時代，正值商品經濟和貨幣經濟的發展階段，當時日本國內處於經濟成長與停滯的循環時期。經濟成長的受益者，主要為都市居民，農村被迫捲入陌生的商品貨幣經濟，傳統的自給自足經濟模式也因此崩潰。

此外，第5代將軍德川綱吉頒布100多次的〈生類憐憫令〉，加上元祿時期的貨幣改鑄（1695年）和寶永時期富士山爆發（1707年）等事件，使得都市區的景氣步入蕭條。後來，第8代將軍吉宗

的「享保改革」再次加重農民沉重的負擔，導致農村持續困頓。昌益的思想就是在這種社會背景下誕生。

關注 執政者和聖賢君子都是「不事農耕的懶散之徒」

昌益在解釋世界的真理時，將宇宙存在的根本物質定義為「活真」。在中國古代的五行思想中，認為金、木、水、火、土乃構成萬物的 5 大元素。昌益認為，「土」有別於其他 4 元素，立於最重要的地位，並將之命名為「土活真」。宇宙萬物皆源自「土活真」，由土而生。這種創造行為，昌益稱為「直耕」。透過直耕所創造出來的世間事物必定成對，即使是相互對立的事物，如天地、生死、男女，實際上本為一體。這種雙方相互內含對方性質的關係，稱為「互性」。

在昌益的想法中，直耕與互性所創造的空間，稱為「自然」。在這個自然世界（昌益稱「<u>自然世</u>」）裡，人人平等。此外，直耕一詞還帶有人們的生產活動，以農業為核心的意思在。昌益心中所描繪的理想世界，是一個人人耕作，自給自足的農業社會。

然而，現實社會並不是昌益所定義的「自然世」，而是一個存在支配階層與被支配階層的法制社會（**法世**）。每個當朝的執政者造就了「法世」，賦予執政者支配正當性的宗教家和思想家，同樣也是《自然真營道》中批判的對象。

具體而言，包括釋迦牟尼、孔子和孟子等人，昌益自始至終<u>**徹底批判佛教與儒家思想**</u>。另一方面，他對神道和天皇卻抱持肯定的態度，因為古代日本的生活模式，相當接近自然世的狀態。所以有人指出，昌益可能是尊王思想的擁護者。

不可諱言的，在封建制度下統治人民的德川政權，同樣是昌益

批判的對象。昌益斥責那些不自行生產、只會剝削農民的執政者為一群「**不事農耕的懶散之徒**」。

影響 20 世紀新興思想的先驅

　　昌益生前在日本基本上沒沒無聞（這本著作如果被廣為流傳，相信他早已遭受嚴厲處分），直到明治末期，第一高等學校（今東京大學教養課程[29]）校長狩野亨吉發現《自然真營道》的原稿，世人才知曉他的存在。然而，當時也只有少數知識分子注意到有這號人物。直到戰後，駐日加拿大大使**赫伯特・諾曼**（E. Herbert Norman）在昭和 25 年（1950 年）出版的著作《**被遺忘的思想家：安藤昌益**》中提及昌益，他的名字與思想才逐漸廣為人知。

　　在昌益的描述中，全民務農的社會與左派思想的共產主義及無政府主義相通，都反對右派思想的農本主義，以及行剝削之實的統治階級（崇尚無階級社會）。此外，今日，昌益有時也會被稱作「**世界第 1 位生態學家**」。

　　這些觀點都是 20 世紀以後才興起的新思維，昌益卻早在一個多世紀以前便提出類似的主張，他的革新思想令人讚嘆。

伊藤老師短評

八戶市的安藤昌益資料館，由當地企業八戶酒類公司所提供，位在國道 340 號的櫻野（百貨公司）附近，舊居遺址就在同一條路上的三春屋（歇業）前方，這讓昌益看上去似乎很喜歡逛百貨公司。昌益在京都結婚生子，後來在八戶生活了十多年，最後獨自返鄉，在此長眠。

---

29 相當於大學的通識課程，尚未細分專業科目。

日本外史

幕府末期記載
武家興衰的暢銷書籍

作 賴山陽	**年** 文政 9 年（1826 年）
數 22 卷	**分** 歷史書籍

概要 由賴山陽撰寫的野史

　　賴山陽為江戶時代後期的歷史學家，其著作《**日本外史**》是一部記錄武家興衰更迭，以漢文寫成的歷史書籍。本書以紀傳體形式，記錄史上各家知名武士家族的事蹟。本書構成以源氏、新田氏、足利氏和德川氏的相關紀錄為「正統史書」，並在相關正史前後部分穿插平氏、北條氏、楠木氏、後北條氏、武田氏、上杉氏、毛利氏、織田氏與豐臣氏等人的事蹟。

　　「外史」的定義是民間史書，每個章節前後皆以「外史氏曰」為開頭，記述山陽的個人見解。山陽的歷史觀主要從尊王思想的角度出發，獲得眾人支持，這使得本書成為當時<u>最暢銷的書籍</u>。

背景 受司馬遷《史記》所影響

　　安永 9 年（1780 年），山陽生於大阪江戶堀地區。次年，其父春水因儒學家身分，以學者受聘於廣島藩淺野家，因此山陽也在

廣島度過了童年時期。

　　山陽生性聰慧，但有時會做出驚人之舉，讓周遭人大吃一驚。比如他在 21 歲時，不做任何解釋的突然決定脫離原有藩籍（脫藩），自願成為流浪武士。山陽被抓回來後，被囚禁在家中的房間長達約 5 年。他便是在這段監禁期間內，完成《日本外史》的初稿。

　　文化 8 年（1811 年），山陽再次逃離廣島藩，但這次他沒有被追尋帶回。山陽後來在京都開辦私塾，一面與知識分子交流往來，一面持續寫作，並在文政 9 年（1826 年）完成《日本外史》。

　　山陽深受中國王朝西漢史學家司馬遷的著作《史記》所影響。《史記》由十二本紀、十表、八書、三十世家、七十列傳構成，共

130 卷；山陽亦計畫將自己的著作叢書彙整成三紀、五書、九議、十三世家、二十三策。

除了《日本外史》以外，山陽另著有《日本政記》、《通議》等著作。其中，《日本外史》相當於十三世家，《日本政記》相當於三紀，《通議》則相當於五書、九議及二十三策。

關注 德川政權終有結束的一天

如前文所述，《日本外史》以源氏、新田氏、足利氏和德川氏為正統。山陽之所以將非征夷大將軍的新田氏列為正史，可能是出自對德川氏自稱為新田氏後裔（德川〔家康〕自稱在使用松平這個姓氏以前，祖先中有人姓德川，與新田氏一族血脈相連）的顧慮。

《日本外史》基本上採用朱子學派的「大義名分」論述，認為天皇地位永恆不變，但實際掌管政務的武家，必將歷經興衰更迭。雖然沒有直接批評江戶幕府，但書中暗示德川時代也終有結束的一天，因此山陽遭幕府譴責的機率非常大。

不過，最後證實，山陽的擔憂只是杞人憂天。白河藩主松平定信（以「寬政改革」聞名的原老中首座）閱讀山陽奉上的《日本外史》後，評論該書「得體公正」（合理且無偏頗）。換言之，《日本外史》甚至得到與德川家有近親關係的得力大名認可。

今日我們耳熟能詳的武將故事，有不少出自《日本外史》。例如，明智光秀在征討織田信長時，曾說「敵人在本能寺」，這句話非常有名。據說，這句話並非出自第一手歷史文獻，最早出現在《明智軍記》等後世的軍記文學中，後來因山陽在《日本外史》中提及，隨後這句話就像事實一般廣為流傳。

由於山陽在撰寫《日本外史》時，參考了過去的軍記文學等資

料，因此書中也有許多不實內容。從這層意義上來看，將《日本外史》視為歷史故事，而非歷史書，或許更為恰當。

影響 受到山陽歷史觀啟發的年輕一輩

《日本外史》一直到明治時代，都擁有廣大的讀者，成為當時的暢銷書籍。

《日本外史》之所以成功，是許多因素的堆疊，其中一項就是山陽的文筆。該書在明治 8 年（1875 年）於中國出版，當時清朝文人譚獻便大力讚賞：「漢文功力深厚，更勝明代復古派文人。」一般認為，漢文比和文更富有節奏感，用來敘述武家的興盛與衰退，更能展現生動鮮明的意象。

此外，當時的時局，可說是本書暢銷的另一個外在因素。山陽在書中指出，武家要取得政權，看清時勢非常重要。嘉永 6 年（1853年），美國海軍東印度分遣隊司令派里（Matthew Calbraith Perry）率領黑船抵達日本，恰巧就是一項可能引發重大改革的事件。當時的年輕一輩，受到山陽歷史觀點的啟發，開啟了尊王攘夷運動。

伊藤老師短評

山陽第 2 次離開時，捨棄了父親友人——著名學者菅茶山——創辦的私塾「廉塾」校長職位。「水凡，山俗，先頑，子弟愚」（水平庸，山庸俗，師長頑固，弟子愚鈍）。這個瘋狂的 31 歲青年，丟下這句狠話，便背起行囊，頭也不回的踏上旅程。簡單講，他的意思是：「這裡的自然如此平凡庸俗，教師頑固不寧，學徒個個愚蠢。這種鬼地方，誰還待得下去！」

北越雪譜

ほくえつせっぷ

涵蓋多雪地區生活實況的百科全書

作 鈴木牧之	年 天保 8 年到天保 12 年（1837 年到 1841 年）
數 7 卷	分 隨筆

概要 向日本全國介紹雪國生活的第 1 本著作

　　日本歷史上有不少文獻關注平民的生活，但以雪國為背景的作品數量相當有限。《北越雪譜》為越後國（今新潟縣）商人<u>鈴木牧之</u>的著作，**是第 1 本向日本全國介紹雪國的生活、習慣和風土文情的作品。**

　　本書由第 1 篇和第 2 篇構成，第 1 篇分上、中、下 3 卷，第 2 篇分 1 到 4 卷。第 1 篇發行於天保 8 年（1837 年），第 2 篇於 4 年後出版。

背景 越後的漫天大雪，令江戶人驚嘆連連

　　明和 7 年（1770 年），牧之生於越後國鹽澤（今新潟縣南魚沼市）。這一帶群山環繞，海拔高達 2000 公尺，是日本少數降雪量大的地區。據說牧之也是在大雪之日出生。鈴木家是販售越後名產──麻織品「小千谷縮」的富商，牧之從小就深受俳句、書畫等

要丟下去囉！

嘿咻！　　嘿咻！　　嘿咻！

藝文陶冶。

　　據傳，牧之是在 19 歲前往江戶銷售布料時，萌生撰寫《北越雪譜》的想法。當時，與牧之交談的江戶人，無不對越後豐沛的雪量嘖嘖稱奇。反觀牧之，江戶人們的反應更讓他訝異，因而決定出版介紹雪國生活的書籍。

　　然而，出版過程一波三折。牧之完成初稿後，於寬政 10 年（1798 年）著手準備出版。為了聘請知名的通俗文學作者修改原稿，牧之首先委託山東京傳協助，但京傳因工作繁忙，毫無進度。接著牧之轉而求助於曲亭馬琴，也因類似的理由遭到回絕。而且不幸的是，他們都沒有歸還手稿。牧之逼不得已，只得重新寫過。

　　最後向牧之伸出援手的人，是京傳的胞弟山東京山。京山是土

生土長的江戶人，特地聘請越後出身的家僕，協助牧之修改原稿。於是，《北越雪譜》**耗費了約 40 年的時間，終於成功出版**。

關注 雪國居民的生活智慧與堅韌

牧之在《北越雪譜》第 1 篇上卷探討雪的科學，並在書中刊載了多張雪花的結晶圖片。這些圖片原本刊載在天保 3 年（1832 年）出版的《雪華圖說》中，後來牧之將之轉載到自己的著作裡。

《雪華圖說》是日本第 1 本自然科學書籍，作者為人稱「雪大人」的老中土井利位（水野忠邦推行「天保改革」失敗後，接任老中首座），但由於出版數量稀少，因此許多人是透過牧之的著作，才第 1 次認識雪花的結晶。

雪花結晶每片形狀都不同，關於其成因，牧之推測是因為「雪花晶體會隨著冷空氣細微的差異而產生變化」。

接著第 1 篇中卷以後，主題開始集中在當地特產的介紹，其中介紹最為詳盡的是小千谷縮和鹽澤綢等越後知名**紡織品的製作方法**。

現在的魚沼地區，每到 2、3 月，只要天氣晴朗，還是可以看到紡織品排列在雪地上的情景。據說當雪融化時，產生的臭氧具有殺菌及漂白的作用，可去除紡織品上的污垢和斑點。

這種「雪曬法」是當地代代相傳的工藝技術，《北越雪譜》中亦記載「雪中抽絲，雪中紡線，雪水清洗，雪上晾曬，有雪方能縮緊。是以越後縮，乃雪、人與意志之結晶，方得名產之盛名。魚沼郡之雪，可說是皺縮之母」，足見**雪國居民的智慧與堅韌**。

影響 熱銷 700 套的「天下奇書」

除了前文所提及的內容以外，《北越雪譜》中還藉由豐富的插圖，介紹<u>以劇雪開啟一天的雪國日常</u>、「雪中話劇」等娛樂、以及正月新年等過節方式。此外，書中也提到當地的方言，可說是一本涵蓋風土、產業、地理、語言等多種面向的「雪國百科全書」。

由於其獨樹一格的內容，1837 年第 1 篇出版後，便被譽為「天下奇書」，獲得廣大迴響，據說熱銷 700 套。

到了近代，該書的重要性依舊不變。在大正到昭和時代初期擔任中央氣象局局長（現代的氣象廳廳長）的氣象學家岡田武松，將此書譽為「氣象觀測同仁的必讀讀物」。

昭和 11 年（1936 年），岩波文庫發行岡田武松校訂的《北越雪譜》印刷本，迄今依舊擁有廣大的讀者。

伊藤老師短評

《北越雪譜》是日本大學入學考試的必出考題。每次上到這本書，我心中都有千言萬語想詳細講解，但教材只把這當作是文化史的一部分，讓我累積了不少壓力，這次終於有機會抒發。不過，山東京傳和曲亭馬琴兩人真的很過分……我自己也是，第 1 次出書時，總覺得暢銷作者自帶光環。牧之一定是抱著最後一線希望的決心聯繫他們，最終還是被狠狠拒絕，他的心情想必近乎絕望。多虧他堅持了下來！

經世論的相關叢書

江戶時代經世濟民的
相關著作

作	熊澤蕃山（《大學或問》）、荻生徂徠（《政談》）、太宰春台（《經濟錄拾遺》）、海保青陵（《稽古談》）、本多利明（《經世祕策》）、佐藤信淵（《經濟要錄》）	年	江戶時代
數	《大學或問》2 卷、《政談》4 卷、《經濟錄拾遺》1 卷、《稽古談》5 卷、《經世祕策》4 卷、《經濟要錄》15 卷	分	經世論

概要　「經濟」是「經世濟民」的簡稱

不知各位是否知道，「經濟」其實是某個四字成語的簡稱？這個成語就是「**經世濟民**」，即「治理世事，富裕民生」。

今日我們將生產、交換、分配、消費等活動統稱為「經濟」，但「經世濟民」一詞實際上還包括政治和行政。「經世學」相當於現在的政治經濟學，在江戶時代稱為**經世家**的學者們著述了無數的「**經世論**」。

 ### 背景　前所未有的經濟成長，暴露出種種矛盾

日本的經世學誕生於 17 世紀末葉，當時為第 4 代將軍德川家綱統治，也就是文治政治開始的時期。江戶時代前期，亦即 17 世紀前葉至中葉，日本歷經前所未見的經濟成長，但快速成長的副作

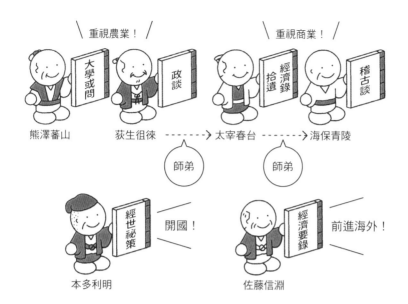

用，也衍生出各種矛盾。其中一個例子就是，儘管當時處於貨幣經濟的發展階段，卻依舊以米糧支付武士的俸祿（薪餉）。

幕府和藩國為了維持本百姓制度，絞盡腦汁，鼓勵農民開發新田，以增加稅收收入。但隨著稻米產量增加，市場價格滑落，這讓以稻米換取金錢購買生活必需品的武士，生活倍感壓力。而且，武士的貧困，導致幕府和藩國加強徵稅，結果又進一步加重農民的負擔。

關注 日本經世學始祖──熊澤蕃山

在江戶時代，許多經世家為了打破這種負面循環，在其著作中闡述因應對策，即幕藩體制的維持和改進方法（站在幕府立場的經世論）。

陽明學派理論家**熊澤蕃山**，為岡山藩主池田光政效力，一般認為他是日本經世學始祖。蕃山在其著作《<u>大學或問</u>》中，提倡縮小

朝觀交替³⁰的規模，鼓勵武士定居農村。他的目的是希望讓居住都市地區的武士定居在農村地區，藉以減少幕府和藩國的支出，減輕農民負擔。

古文辭學派的**荻生徂徠**在其著作《**政談**》中，亦提倡武士定居理論。蕃山和徂徠的論述，都是以維持封建制度下的舊有農村模式為前提，對商業持批評的態度。

然而，原本自給自足的農村地區（地方），實際上已和都市地區（町方）同樣，都被納入商品貨幣經濟的框架中，不可能再回到以物易物的經濟模式。在這樣的認知下，18 世紀以後，經世家們開始倡導更積極的市場參與。

太宰春台是徂徠的弟子，他在著作《**經濟錄拾遺**》中提倡藩營商業論，由藩國專營商品作物的買賣，亦倡議產業政策，由藩國買下境內所有特產，並將市場銷售利潤返還給農村。另外，開頭段落中提到的經世濟民的定義，記載於比《經濟錄拾遺》更早刊行的《**經濟錄**》中。「經濟」一詞，可說是由春台推廣到整個日本（將Economy 翻譯成「經濟之人」，則是福澤諭吉）。

春台的門生**海保青陵**反對自我約束的儒家道德，主張更自由的市場參與。他在著作《**稽古談**》中批評**武士輕視商人的傾向**，闡述武士應向商人學習，在藩國的主導下，振興產業，倡導藩重商主義的必要性。青陵走遍日本全國各地，向各藩提議和指導產業政策，可說是現代商業管理顧問的先驅。

接著，隨著 18 世紀末葉的到來，俄羅斯等列強開始叩關日本，逐漸發展出另一套加入國際視野的經世理論。同時身為數學家的**本多利明主張日本對外開放**，在其著作《**經世祕策**》中論述海外貿易以及學習西方採行殖民政策的必要性，並提倡開墾蝦夷地（今北海道）。

---

30 江戶幕府控制諸藩大名的政策之一。各藩大名每隔一年必須離開領地，前往江戶居住一段時間。往來江戶，對諸藩是一筆沉重的經濟負擔。

此外，被譽為「江戶時代三大農學家」之一的**佐藤信淵**，除了農學以外，還精通經世學、國學與兵學，他在《**經濟要錄**》一書中提倡由中央集權政府主導殖產興業[31]、開發資源（即產業國營化），走向海外市場。

影響 海保青陵復興九谷燒

這些經世學家的論點，並未全然受到正面評價。例如，熊澤蕃山的《大學或問》被視為對幕政的批判，因而被關押在下總國（今千葉縣北部和茨城縣西南部）的古河藩。

然而，其中還是有付諸實踐，取得成效的例子。正如前述，海保青陵四處活動，推廣理念，從事類似商業管理顧問的工作。文化年間（1804年到1818年），青陵提議在加賀藩發行紙幣「藩札」，以及將藩國產物出口到藩外。儘管青陵對儒家思想持批判態度，因此被定位為危險分子，導致他所提出的建議不被全然採納，但中斷近百年的九谷燒的復興計畫，據說是青陵的提議。

幕府末期，長州藩陷入財政破產危機，最後由家老[32]村田清風成功阻擋，重振財務。據說清風也是青陵著作的讀者之一，這一點從他受青陵影響，帶領藩國推行重商主義政策，即可窺知一二。

伊藤老師短評

「經世論」涵蓋了社會學研究的所有要素，包括日本史、世界史、倫理、政治經濟等部分。這在日本從2022年度開始的新課程中，應該會備受重視。雖然這系列的叢書並非學習參考書，只能算是一般讀物，但史學系畢業的我和編輯A都認為非常值得一讀，所以還是希望考生（日本史）和參加資格考試的考生（一般教養）能抽空翻閱。

---

31 殖產興業是明治維新時期提出的三大政策之一，具體內容是運用國家政權力量，積極培育產業發展。
32 江戶時代，協助藩主執行政策措施的重臣。

菅江真澄遊覽記

すがえますみゆうらんき

漂泊旅人撰寫的
東北生活札記

作 菅江真澄	年 江戶時代後期
數 89 冊	分 紀行文

概要 將下半生全數奉獻給旅行

　　日本在江戶時代，旅行對平民來說已相當普及，許多人都留下了自己的旅遊紀錄。其中，江戶時代中期到後期的旅行家**菅江真澄**，更是將他的後半生全數奉獻在東北和北海道（蝦夷地）的旅行。

　　真澄將當地的所見所聞記錄在日記中，後來彙整成《**菅江真澄遊覽記**》，成為近代以來民俗學與考古學領域的珍貴史料。

背景 盛行於江戶時代的紀行文學

　　紀行文學是記述旅行途中的見聞或感想，其起源可追溯到平安時代紀貫之的著作《土佐日記》。中世紀人們的旅行目的，主要是參拜寺院神社，鎌倉和室町時代便有許多著作在描繪京都鎌倉之間的旅遊風情。

　　那時的旅行主要是宮廷和僧侶等身分地位較高人士的風雅嗜好，江戶時代以後，隨著戰亂結束與經濟成長，使得平民生活更加

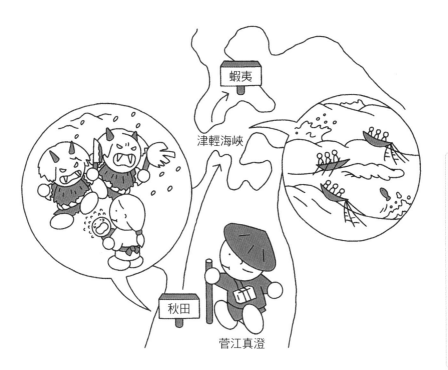

蝦夷

津輕海峽

秋田

菅江真澄

游刃有餘，因此旅行也逐漸發展成一種娛樂，廣為普及。全國的各個街道，皆設有關口，無法隨時自由通行，不過只要目的明確，且持有關口通行證，通常都可以輕鬆通關。老百姓時常以參拜寺院神社為由，走訪全國名勝，遊山玩水，泡溫泉療養。

　　在這樣的背景下，江戶時代的紀行文學十分盛行。據估計，包括未發表的作品在內，遊記可能多達 2500 篇。

　　其中，俳句詩人松尾芭蕉的著作《奧之細道》，可謂最具代表性的作品。元祿 2 年（1689 年）的春天至 9 月期間，芭蕉與學生河合曾良一同前往東北地區旅行，西從北陸敦賀（今福井縣敦賀市），東到東北平泉（今岩手縣平泉町）。不論是芭蕉以「日月百

代之過客，來年又旅人也」破題的序文，還是他在立石寺（山寺）歌詠的俳句「天籟閑寂，蟬聲入山岩」，都非常有名。

芭蕉旅行的目的，是為了追隨他所仰慕的能因、西行等詩人的足跡，旅程結束後，他便返回故鄉伊賀國上野（今三重縣伊賀市）。

然而，也有知名的旅人在出遊後，便終生在外漂泊，再也不曾返回家鄉，那人就是人稱「漂泊旅人」的旅行家菅江真澄。

關注 了解在地傳統藝術的珍貴史料

寶曆4年（1754年），真澄出生於三河國（今愛知縣東部），本名白井秀雄，菅江真澄是他在晚年使用的名字。

真澄在家鄉時，跟隨當地雅士學習國學，30歲左右離家，前往長野、新潟、秋田、青森、岩手、北海道等地旅行。有學者認為，真澄當初旅行的目的，是為了編寫名勝指南，也就是現代所說的旅遊書，但實際情況不詳。

真澄將所見識到的當地人民生活和風俗，搭配自己創作的和歌與插畫詳記在日記中，後來整理成《菅江真澄遊覽記》，共89冊。其中，在題名《鄙廼一曲》一篇中，詳細記載了當時村落代代流傳的秧歌、山歌、船歌、念佛舞等民謠，成為了解地方傳統文藝的貴重史料。

此外，真澄還參訪青森龜岡、秋田大館等繩文時代遺跡，在書中以插圖詳細記錄出土的陶器形狀和大小。儘管真澄以「帶有繩紋的瓦、甕」來描述這些陶器，但將這種陶器命名為繩紋陶器之人，是明治時代被譽為「日本考古學始祖」的美國動物學家愛德華·摩斯（Edward Morse）。真澄的紀錄在考古學（當年日本還沒有這門學科）領域中亦享有盛名。

手稿被指定為國家重要文化財

真澄在遊歷各地後，於享和元年（1801年）開始寄居在出羽國（今秋田縣與山形縣）的久保田藩（秋田藩），從此就再也沒有離開出羽。

文化8年（1811年），真澄受到著名藩主佐竹義和的賞識，委託他編撰出羽六郡方志，故而著有《雪之出羽路平鹿郡》、《月之出羽路仙北郡》等書。然而，真澄尚未完成所有6郡地方志的著作，便於文政12年（1829年）離世，享年76歲。傳言他一生未娶妻生子。

真澄生前遺留下來的紀錄，後來捐贈給藩校明德館。《菅江真澄遊覽記》的手稿，現藏於秋田縣立博物館，於昭和32年（1957年）成為秋田縣有形文化財（有形文化資產），並在平成3年（1991年）被日本政府指定為國家重要文化財。

真澄詳細記錄平民生活和文化，貢獻巨大，明治時代的民俗學家柳田國男譽其為「日本民俗學的始祖」。

伊藤老師短評

我曾經在課堂上，用「巨人隊有位投手，叫桑田真澄」的開場白來介紹菅江真澄，真是令人懷念。18世紀末葉，東北遭遇天明大飢荒（1782年到1787年），災情慘重。就這層意義上來看，遊記確實是相當珍貴的歷史資料。我笑著介紹完桑田的部分後，話鋒一轉，一臉嚴肅的講解飢荒。這樣的對比，充分展現身為講師的實力。

日本幽囚記

にほんゆうしゅうき

俄羅斯軍人的
日本獄中回憶錄

作	瓦西里・米哈伊洛維奇・戈洛夫寧	**年**	文化 13 年（1816 年）
數	1 卷	**分**	回憶錄

概要 出版多國語言的戈洛夫寧手札

文化 8 年（1811 年），江戶時代後期，日本尚在鎖國期間，發生了戈洛夫寧事件這件震驚日本的事件。事件的發生，是源自俄羅斯多次對蝦夷地（今北海道）發動攻擊而引起。

《日本幽囚記》是俄羅斯海軍軍人戈洛夫寧（Vasily Golovnin），根據自己被幕府拘留的經驗撰寫的回憶錄。戈洛夫寧在書中記述了事件的始末，以及他對當時日本社會、自然、思想、風土和日本人形象的觀察。該書於文化 13 年（1816 年）在俄羅斯首次出版，隨後被翻譯成德文、荷蘭文等其他語言，並於文政 8 年（1825 年）發行日文譯本。

背景 對俄羅斯攻擊蝦夷地的報復行動

在鎖國制度下，日本政府禁止官民與荷蘭、中國（清朝）、朝鮮（李朝）、琉球王國以外的國家交流。在這種情況下，俄羅斯船

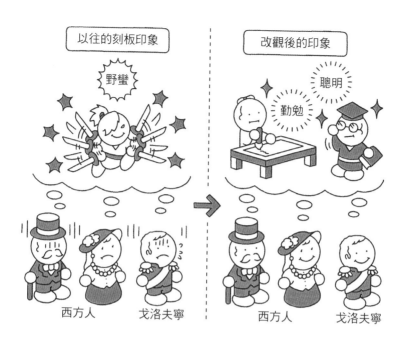

以往的刻板印象　　　改觀後的印象

野蠻　　　聰明　勤勉

西方人　　戈洛夫寧　　　西方人　　戈洛夫寧

在元文4年（1739年）以「元文黑船」為首航航向日本，並於安永7年（1778年）來到蝦夷地的厚岸。

接著寬政4年（1792年），俄羅斯女皇葉卡捷琳娜二世派遣使節**拉克斯曼**（Adam Laxman）前往根室，要求與日本正式通商。當時，幕府正值老中首座松平定信推行「寬政改革」期間。儘管幕府向俄羅斯使節簽發了信牌，即長崎通行證，希望與俄羅斯建立外交關係，但仍舊暫且拒絕開放國境。

文化元年（1804年），俄羅斯皇帝亞歷山大一世派遣的使節**列扎諾夫**（Nikolai Rezanov）抵達長崎，再次提出通商要求。儘管幕府提供信牌，卻對使節一行人置之不理。雖然當時松平定信已不再掌管政權，但他連續兩個月不斷拒絕使節登陸的要求，甚至讓他們空等半年，毫無回應。

身為沙皇派遣的正式使節，列扎諾夫對幕府的態度憤慨不已，遂命部下赫沃斯托夫（Aleksey Khvostov）攻打擇捉島、利尻島及樺太。赫沃斯托夫的下屬從文化3年（1806年）開始發動一系列攻擊，並持續到隔年，被稱為「文化俄寇」。在此之前，當時幕府頒布〈文化撫恤令〉，對外國船隻提供柴火和水，以和平方式驅其離境。然而，文化俄寇事件發生後，幕府態度轉為強硬，〈文化撫卹令〉僅維持1年，便遭廢除。

蝦夷地原為松前藩領地，後來由幕府接管，直接管轄。面對文化俄寇事件，幕府直到1811年，才採取具體的報復行動，俘虜了**俄羅斯軍艦戴安娜號**的艦長戈洛夫寧，當時他正在千島列島附近海域進行勘測。在**國後島**被俘後，戈洛夫寧被移送到**箱館（今函館市）**，被迫在簡陋的監獄中過著拘禁的生活。

當時逃過一劫的戴安娜號副艦長里柯德（Pyotr Rikord），要求幕府釋放戈洛夫寧，但幕府以「戈洛夫寧已死」為由，回絕了里柯德的要求。隔年的文化9年（1812年），里柯德俘虜了當時航行到國後島附近的富豪商人**高田屋嘉兵衛**。

儘管淪為人質，嘉兵衛自始至終大義凜然的態度，令里柯德由衷折服，因而接受嘉兵衛的建言，就列扎諾夫襲擊蝦夷地一事，向幕府致函道歉。如此這般，文化10年（1813年），戈洛夫寧與嘉兵衛各自平安地返回祖國。

以上故事，尤其是嘉兵衛與里柯德之間深厚的情感交流，後來透過司馬遼太郎的小說《**油菜花的海岸**》而廣為人知。

關注 讓戈洛夫寧啞口無言的間宮林藏

戈洛夫寧一度越獄未遂，後來幕府將他的拘禁地點，從箱館轉

移到當時幕府奉行所[33]的所在地松前，並給予他一定限度的自由，偵訊也依舊持續進行。幕府的真正目的在蒐集俄羅斯的相關情報，並派馬場佐十郎等西方學者，向戈洛夫寧學習俄羅斯的語言、風俗和國內情勢。《日本幽囚記》後來便是由佐十郎翻譯成日文。

探險家**間宮林藏**在文化 6 年（1809 年）發現樺太為一座離島（後來西博德〔後述〕命名為「間宮海峽」），從此聲名大噪。戈洛夫寧被日本拘禁期間，林藏也是與其會面的人物之一。當時，林藏為幕府的隱密（將軍家的御庭番[34]），時常向戈洛夫寧誇耀自己在文化俄寇期間與俄軍作戰的事蹟，以及身為探險家的種種成就。聽到耳朵長繭的戈洛夫寧在書中挖苦寫道：「林藏的虛榮心可真是無人能敵。」

影響 ## 消除西方對日本固有的成見

戈洛夫寧的監禁生活長達 2 年 3 個月。然而，這段期間，他對日本人的印象大致上友好，稱日本人是「世界上最聰明的民族」，並認為「如此多才多藝的民族，若能擁有彼得大帝那樣偉大的君主，幾年內必定能成為東方霸主」。當時的歐洲社會普遍認為日本人是「信奉異教的野蠻人」，但透過戈洛夫寧的回憶錄，消除了歐洲人心中對日本的既定印象。

伊藤老師短評

十多年前，我曾前往函館市的北方民族資料館參觀，在館內購買了《日本幽囚記》的舊譯本。雖然現在可以從網路書店買書，但我相當重視現場當下的手感和體會，所以與講師工作直接相關的物品，我會盡量在當地的書店、資料館和博物館購買。這本書現在依舊滿載著當日回憶，一同存放在我的書架上。

---

33 奉行所為幕府官員的辦公廳。
34 御庭番是將軍直屬隱密。隱密多為低階武士，負責打探各種機要情報，或從事間諜行動。

日本、日本動物誌、日本植物誌

にっぽん、にほんどうぶつし、にほんしょくぶつし

德國人西博德的日本研究紀錄

作	菲利普・法蘭茲・馮・西博德	年	江戶時代後期
數	※ 以分冊形式撰寫，因此原稿的完整內容不得而知 ※ 動物誌與植物誌的卷數不明	分	日本研究書籍（日本） 動物圖鑑（日本動物誌） 植物圖鑑（日本植物誌）

概要 將日本蒐集的資料編輯彙整

　　江戶時代的日本，在鎖國制度之下，長崎是當時允許外國人長期居留日本的唯一城市。那時，日本對外貿易只有 4 條管道：一、透過幕府的長崎奉行，與荷蘭和中國（明朝與清朝）進行貿易；二、透過對馬藩宗氏，與朝鮮（李朝）進行貿易；三、透過薩摩藩島津氏，與琉球王國進行貿易；四、透過松前藩松前氏，與蝦夷地的愛奴人進行貿易。

　　荷蘭商館（荷蘭東印度公司的日本分公司，總部位在印尼巴達維亞〔今雅加達〕）位在人造島的**出島**上，**德國人西博德**（Philipp Franz von Siebold）自文政 6 年（1823 年）開始在此擔任醫生。

　　西博德不僅是醫生，同時也是博物學家，精通動植物學和地理學。西博德在日本與西方學者交流，取得日本資訊，並在伴隨荷蘭商館館長（甲比丹）離開出島前往江戶時，趁機觀察了許多動植物。

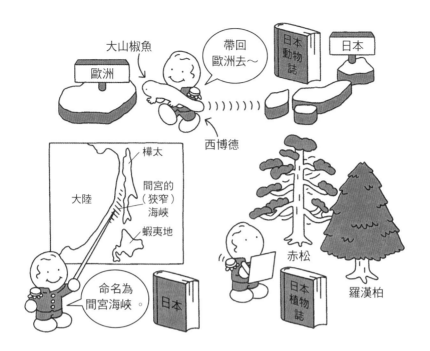

他根據這些日本相關資料，編寫了《日本》、《日本動物誌》、《日本植物誌》這三本著作，亦被稱為「西博德的三部曲」。

背景　訪日真正目的是為了進行市場調查

西博德是德國人，出生於神聖羅馬帝國主教管轄區符茲堡（今德國巴伐利亞邦）。大學醫學系畢業後，他便自行開業，後來成為荷蘭殖民地東印度（印尼）的陸軍軍醫，並於文政 6 年（1823 年）來到日本。

在荷蘭商館的安排下，西博德獲得許可，離開出島，後來在長崎郊區開辦兼當診療所的蘭學塾 35、**鳴瀧塾**，學生包括**高野長英**、**伊東玄朴**、小關三英、二宮敬作等人。西博德要求他們以荷蘭文提

---

35 江戶時代學習西洋（歐洲）學問的私塾。

229

交主題報告，這些報告後來都成為西博德編寫《日本》時的資料。

　　荷蘭商館館長每年都會前往江戶，文政 9 年（1826 年），西博德陪同隨行，沿途記錄日本的地理和氣候，蒐集動植物標本。

　　西博德在江戶與探險家最上德內、幕府天文方 [36] 高橋景保等人進行交流。然而，**文政 11 年（1828 年）**，他從景保手中取得違禁的日本地圖，事跡敗露，因此**被驅逐出境**，這就是著名的「**西博德事件**」。有人認為西博德是間諜，但他們只說對了一半。西博德的另一個身分是市場調查員，蒐集情報的目的是為了促進日荷貿易。

關注　「間宮海峽」為西博德命名

　　西博德雖然離開了日本，但他早已將眾多資料寄回荷蘭，並在當時國王威廉二世的支持下，撰寫了《日本》一書。該書於 1832 年至 1851 年（嘉永 4 年）期間，以分冊的形式出版。書中彙整了日本的天文地理、自然地理、武器、武術、兵法、神話、歷史、宗教、藝術與學術、茶葉的種植與製作，以及日本與周邊鄰國的相關資訊。

　　在西博德事件中，西博德原本到手的日本地圖被幕府沒收，但在事跡敗露前，他便已複製部分地圖副本，並將之刊載在本書中。文化 6 年（1809 年），間宮林藏發現樺太與歐亞大陸之間存在一道狹長的海峽，後來西博德將之命名為「**間宮海峽**」，並在《日本》書中介紹給世人。

　　西博德帶回荷蘭的動植物標本，後來彙整成《日本動物誌》與《日本植物誌》。

　　《日本動物誌》是一本圖鑑，目錄分類包括哺乳類、鳥類、爬蟲類（包含兩棲類）、魚類、甲殼類，由皇家自然歷史博物館的研

---

36 江戶幕府職稱，主管天文、曆法、地理、測量和洋文翻譯。

究人員進行分類與著述。西博德帶回荷蘭的活體標本大山椒魚，也收錄在本書中，以「活化石」的稱號，吸引了廣大的關注。

《日本植物誌》為西博德與慕尼黑大學教授楚卡里尼（Joseph Gerhard Zuccarini）共同編著。書中記載的許多植物種類，對歐洲社會而言都是新物種，其中在赤松與羅漢柏的學名中，可見兩人的名字（Sieb. & Zucc.）。

影響 歐洲興起日本學的起點

在西博德之前，還有其他向西方社會介紹日本的著作，包括擔任荷蘭商館館醫的德國人坎普法（Engelbert Kaempfer）的《日本誌》，荷蘭商館館長蒂進（Isaac Titsingh，荷蘭人）的《日本風俗圖誌》，以及戈洛夫寧的《日本幽囚記》。然而，不論是資訊量或新奇性，西博德的著作都遠遠超越前人著作，因此稱西博德為歐洲後來興起「日本學」的最初起點，實不為過。

回到荷蘭後，西博德以學者身分持續研究，同時致力於各項活動，為促進日本開國，不遺餘力。據傳，天保 15 年（1844 年），荷蘭國王威廉二世致函幕府，建議日本開國的親筆信函，便是由西博德草擬。

伊藤老師短評

追根究柢，西博德終究是個「地圖賊」，因此人們對他的評價褒貶不一。長崎縣立西博德大學成立於 1999 年，2008 年與長崎縣立大學合併後廢校，如今校園內僅剩長崎縣立大學西博德校區還留有西博德之名。此外，西博德與丸山町娼妓阿瀧育有一女，那人便是日本第 1 位學習西方醫學的婦產科醫生楠本稻。

尊王論的著作叢書

終結德川時代志士們的聖經

作	山縣大弐（《柳子新論》） 會澤正志齋（會澤安） （《新論》） 藤田東湖（《弘道館記述義》）	年	寶曆 9 年（1759 年） （《柳子新論》） 文政 8 年（1825 年） （《新論》） 弘化 3 年（1846 年） （《弘道館記述義》）
數	1 卷（《柳子新論》） 2 卷（《新論》） 2 卷（《弘道館記述義》）	分	思想論（《柳子新論》） 思想論（《新論》） 注釋書（《弘道館記述義》）

概要　「尊王」和「攘夷」思想的傳播途徑不同

幕府末期，「尊王攘夷」思想在日本引發巨大動盪。雖然現今時常把「尊王攘夷」當成一個詞彙使用，但「尊王」和「攘夷」實際上是透過不同過程傳播開來的思維。

尊王（或稱尊皇）意指尊崇天皇，其根源可追溯至儒家的尊王思想。尊王思想自古從中國傳入日本後，一直為人所提倡。江戶時代中期，甲斐國（今山梨縣）的儒學家山縣大弐在其著作《柳子新論》中，根據尊王思想提出推翻幕府的論點（倒幕論），對後世帶來巨大的影響。

接著到了幕府末期，排斥外夷的「攘夷」論與「尊王」論結合（部分原因是當時的孝明天皇是積極的攘夷論者），形成「尊王攘

夷」論。最具代表性的擁護者分別是**會澤正志齋（會澤安）**與**藤田東湖**，兩人皆為水戶藩士，正志齋的《**新論**》和東湖的《**弘道館記述義**》都是當時十分著名的著作。

 背景 **朱子學對幕府而言是一把雙面刃**

朱子學派是儒家學派之一。在朱子學派中，有人提倡大義名分。現代仍然會使用大義名分 37 這個詞句，但那時的「大義名分」指的是認清父子君臣的上下之別，重視禮儀。對於以將軍為最高權位的幕藩體制，以及「士農工商」一詞所象徵的社會地位，「大義名分論」成為奠定這些制度的基石，朱子學就此成為幕府官學，逐漸普及開來。

---

37 在現代，大義名分的意思主要是「做人的根本道理」。

然而，對幕府而言，這門學派也蘊含著極大的危險。朱子學派還包含尊王斥霸的觀點，認為有德之王者，勝過以武力統治之霸者，亦即「王道政治」優於「霸道政治」。部分儒學家認為，天皇和朝廷為王者，將軍和幕府為霸者，是以天皇治理，方為理想世界。

關注 幕府結束前的最後百年興起倒幕論

山縣大弍也是持有類似觀點的儒學家之一。他在寶曆9年（1759年）著述的《柳子新論》一書中，根據大義名分的論點，反對天皇與將軍兩人並立的現狀，並批判幕府的官僚制度和經濟政策。

此外，大弍在書中指出：「危害天下者，即使貴為國君，亦須受責罰。若未能實踐，應舉兵討罰。」在幕府晚期，距幕府結束約莫100年前提出的倒幕論，無疑是該書最為人所關注的焦點。想當然耳，對幕府而言，這是一種危險思想，大弍在明和4年（1767年）慘遭處決（明和事件）。《柳子新論》也被列為禁書，不得發行，但有志之士抄錄的傳抄本在那之後依舊廣為流傳。

光陰荏苒，到了幕府末期，派里艦隊抵達日本，使得國內對外開始醞釀攘夷的思維（攘夷論）。攘夷論背後的思維，主要源自中國古代鄙視異族的華夷思想，以及將日本視為神國的日本國學。

特別是在水戶藩，藩主德川光圀發起《大日本史》的編纂，促成水戶學派（融合尊王思想與國學的新學派）誕生，並與攘夷論結合，這就是**尊王攘夷思想**形成的由來。會澤正志齋是當時尊王攘夷論者最具代表的人物之一，他在著作《新論》中闡述「國民須在天皇與幕府之下，團結一致，攘斥外夷」，並用「國體」一詞，來形容國家以天皇為中心的國家體制。

這套思想構成**後期水戶學**的骨幹，記述藩校弘道館建校精神的

《弘道館記》，也是第 1 本提及「尊王攘夷」一詞的著作。

　　草擬該書的儒學家藤田東湖，後來撰寫注釋書《弘道館記述義》，並在書中闡述敬神崇儒、尊王攘夷、忠孝無二等思想，激勵那些勤皇（效忠天皇）的志士們。

影響 《大日本帝國憲法》正式規定「國體」

　　正如《新論》的論述所顯示，尊王攘夷論者並沒有立即「推翻幕府」的打算。尊王攘夷派志士們的初衷，是整頓幕府政治，實踐攘夷。

　　他們後來之所以轉向，意欲推翻幕府，是受到山縣大弍思想的影響。長州藩士吉田松陰，因試圖從下田（今靜岡縣下田市）偷渡到美國而被捕入獄。在獄中，他與知名的勤皇僧侶宇都宮默霖互通書信。當時，默霖推薦松陰閱讀《柳子新論》。據說松陰讀後深受啟發，轉而支持倒幕論，成為倒幕運動的先驅。

　　接著日本迎來明治的新時代，會澤正志齋所提倡的「國體」概念再次成為焦點，並在《大日本帝國憲法》（明治憲法）中正式規定，當時日本的治國方式——即國體，是以天皇總攬，永不間斷。

伊藤老師短評

藤田東湖是眾多尊王攘夷志士的崇拜對象。安政 2 年（1855 年）發生安政大地震時，東湖正好待在江戶家中。儘管東湖曾一度脫困，但其母因擔心爐火，又返回住處，東湖緊隨在後。豈料兩人返家後，梁柱坍塌，東湖挺身護母，被壓在梁柱下。他在確認母親安全無虞後不久，便不幸斷氣。如此孝心，讓許多人潸然淚下。

德川實紀

とくがわじっき

江戶幕府彙整各將軍的統治事蹟

作 林述齋、成島司直	年 天保 14 年（1843 年）
數 517 卷	分 歷史書籍

概要 正式名稱為《御實紀》

　　《德川實紀》為江戶幕府官方史書，主要記述德川家將軍第 1 代家康到第 10 代家治的種種，包括將軍生平事蹟、幕府政策及例行活動，總計 517 卷。

　　《德川實紀》為俗稱，**正式名稱為《御實紀》**。記錄各代將軍的書名分別冠有其諡號（死後給予的稱號），例如家康為《東照宮御實紀》，第 2 代秀忠為《台德院殿御實紀》，第 3 代家光為《大猷院殿御實紀》等，《德川實紀》和《御實紀》為套書之總稱。

背景 重申國家認同

　　寬政 11 年（1799 年），在大學頭（幕府官僚教育機關長官，亦即昌平坂學問所〔昌平黌〕長官）林述齋的建議下，開始編修本書。天保 14 年（1843 年）完成原稿，並呈獻給德川將軍。

　　同一時期，在幕府主導下，另外編纂了《朝野舊聞裒藁》、《新

德川秀忠有私生子？

他（後來的保科正之）不是我生的。

關原之戰

對準松尾山開槍！

德川家康

德川家宣就任將軍

廢止〈生類憐憫令〉。

編武藏國風土記稿》、《新編相模國風土記稿》等史書，《德川實紀》堪稱是此番修史事務的集大成之作。

當時正值俄羅斯使節來訪，要求開國，鎖國政策開始動搖。幕府必須提高將軍的權威，對內對外重申國家的認同。

老中首座松平定信在「寬政改革」（1787 年到 1793 年）期間，構思了一系列的修史計畫。在他失勢後，《德川實紀》的編纂也因此擱置，後來在述齋的建議下，正式決定修史，並在彙集一定數量的歷史文獻後，於文化 6 年（1809 年）開始動工。

述齋擔任監修一職，實際的編輯和著述由奧儒者（為將軍講學的儒生）成島司直指揮督導。編纂所原本設在司直宅第，但司直在本書完成前遭到免職，此後編纂所便轉移到湯島（今東京都文京

區）的昌平坂學問所。

在編輯會議上，決定**採用倒敘的方式，從新時代往前編纂到舊時代**，使用平假名混合的文體，並仿效六國史《日本文德天皇實錄》、《日本三代實錄》等過去實錄，使用編年體。本書之所以題名為《實紀》而非《實錄》，是因為《實錄》一詞主要用於記錄天皇事蹟。

在修史過程中，基本的文獻資料主要來自幕府各官府的業務日誌。然而，明曆年間以前的紀錄，大多毀於明曆3年（1657年）的明曆大火（又稱振袖大火），因此幕府亦擴大範圍，從其他諸侯國蒐集文獻資料。

關注 將軍的言行與軼事記錄在附錄中

《德川實紀》由正文與附錄構成，正文僅言簡意賅的記述事實，將軍的言行和軼事等主觀事項則記載於附錄。

例如，《東照宮御實紀》包括正文10卷和附錄25卷。文中亦記錄了關原之戰的始末，但關於石田三成的下場，正文僅就結果做了簡短敘述：「石田（三成）、小西（行長）、安國寺（惠瓊）等人，被生擒後即遭處決。」

然而在附錄中，則進一步詳述當時的情況，並記載了家康在這段期間的一言一行。包括武將田中吉政親手捕獲三成，以及吉政與三成關係親密，使得家康曾一度懷疑吉政為其黨羽。三成被抓後，才消除家康心中疑慮。

畢竟是幕府官方編修的歷史書籍，本書有美化歷代將軍言行的傾向。然而，這原本就是預計獻給將軍的文獻，從未設想過會流入民間。換言之，本書可定位為**一套君主理論，向德川家後代子孫闡**

<u>述何謂君主風範。</u>

影響 《續德川實紀》成為未竟之業

〈御實紀成書例〉中記述本書的編輯方向，其中寫道：「以正確紀錄為參考」、「仔細審核，多方考證，才得以編纂一代將軍之概要」。儘管後世研究發現，其中仍存在不實記載，但內容大致正確。《德川實紀》與《寬政重修諸家譜》、《御觸書集成》同為研究近世史的基本史料。

《德川實紀》共有 4 種完整的版本，包括作為草稿的原稿、呈上將軍的正本、抄錄的副本和獻於東照宮的東照宮獻上本。副本中亦記載了文章出處，現代一般視為《德川實紀》的底本（不同版本之間對比時的藍本），《國史大系》中所收錄的版本亦為副本。

《御實紀》的編修作業在第 11 代家齊以後仍持續進行，記錄到第 15 代將軍慶喜的部分稱為《續德川實紀》，亦收錄在《國史大系》套書中。然而，幕府末期第 13 代家定以後，修史作業中斷，僅列出所蒐集的歷史文獻書名。

伊藤老師短評

《德川實紀》可說是將軍家帝王學的紀錄。既然沒有預設會流入民間，就沒有「美化」的必要，但在家臣獻給將軍的形式下，揣度君意可謂是人之常情。個人以為，第 11 代以後的將軍似乎有點自慚形穢，認為自己不如過往歷代偉大的祖先……所以修史才會修得這般虎頭蛇尾也說不定？

Chapter 3 從安土桃山時代到明治時代

239

日本遠征記

にほんえんせいき

派里提督終結鎖國時代的
旅日紀錄

作 馬修‧卡爾布萊斯‧派里		年 安政 3 年（1856 年）	
數 3 卷		分 遊記	

概要 根據國會報告編纂而成的遊記

派里率領美國東印度艦隊，再度來訪日本，結束長達 210 多年的鎖國政策。儘管日本文獻中亦有詳細記載幕府與派里簽訂條約時的協商過程，但東印度艦隊決意航向日本的始末，以及派里對日本人的評價，都只記載於美方的文獻中。

《日本遠征記》是根據派里和其他船員的回憶錄，以及向美國國會提交的報告書等彙整而成的遊記，全書共 3 卷。

背景 美航行目的是為了開發太平洋航線

19 世紀初，美國是世界最大的捕鯨國，派遣艦隊的目的，是為了保護在日本沿海遇難的捕鯨船，向他們提供必要物資。然而，這只是檯面上的理由，美國真正目的是希望透過與中國（清朝）的通商，開闢太平洋航線，也就是促進日本開放國門與港口。

嘉永 5 年（1852 年）11 月，東印度艦隊司令官派里，搭乘蒸

汽推進軍艦密西西比號，從美國東海岸維吉尼亞州諾福克出發，前進大西洋。隨後經過非洲大陸南端的好望角，抵達新加坡、澳門、香港，最後在上海與旗艦<u>薩斯奎哈納號</u>會合。

關注 預言日本會成為工業國家快速發展

《日本遠征記》的序論中，記述派里出發前，在美國所蒐集的日本資訊，可說是一篇「日本概論」。

派里研讀那些在荷蘭商館擔任醫師並居留在日本的外國人所著述的文獻，包括坎普法的《日本誌》、桑伯格（Carl Peter Thunberg，又譯鄧伯）的《日本植物誌》及西博德的《日本》等著作，

對日本的自然環境、日本人的起源、語言、政治、歷史、文化、宗教、產業等多方面向，擁有豐富的知識。

例如，在政治和歷史方面，派里指出日本存在兩位君主，一位是世俗性質的皇帝，另一位是宗教性質的皇帝，其歷史可追溯至神武天皇即位的西元前 660 年。這些內容都與《古事記》和《日本書紀》的記述相符。

此外，派里也清楚第 1 位世俗皇帝是源賴朝，「征夷大將軍」的意思是「征伐蠻夷的大元帥」。如此詳盡的調查，充分展現派里要打開日本國門的強烈決心。

嘉永 6 年（1853 年）5 月，4 艘戰艦從上海出發，行經琉球王國，於 7 月抵達浦賀（今神奈川縣橫須賀市）。然而，當時派里未能敲開日本大門，將費爾摩總統的國書交給幕府後，便暫時離開日本。

派里再次訪日，是翌年的嘉永 7 年（1854 年）2 月。這次，他搭乘**波瓦坦號**旗艦，率領 7 艘軍艦抵達日本。

派里決意這次一定要與幕府簽訂條約，語帶威脅的表示：「如果再不成功，美方可能會派出更多艘軍艦。」派里如此咄咄逼人的談判態度，幕府最終不得不屈服，簽下**《日美和親條約》**（《神奈川條約》）。

儘管派里對待幕府態度強硬，但他對日本人民的看法，基本上相當友善。尤其派里對日本工匠的工藝，不吝給予最大的讚賞。

「從現實技能和機械技術等方面，可以看出日本人擁有靈巧的雙手。如果考慮到他們使用的工具簡陋，且缺乏機械相關知識，更令人不得不讚嘆，他們的手工藝是如此完美……一旦掌握了文明世界過去及現代的知識，我相信日本人在未來的機械技術競賽中，一定會成為強大的對手。」

正如派里所預言，日本在明治時代一舉躍升為工業國家。

影響 無意中推進小笠原諸島國有化

根據派里的報告書寫成的《日本遠征記》，很早便在安政 3 年（1856 年）於美國本土出版。安政 7 年（1860 年），為了完成《日美修好通商條約》的批准程序，日本使節團（外國奉行 [38] 新見正興等人）搭乘波瓦坦號前往美國，於當地取得該書，才發現書中記載了一件日本全然不知的事實——派里第 1 次訪日時，曾二度走訪小笠原諸島，並在父島（英語國家稱皮爾島〔Peel Island〕）建立了殖民地政府。

面對如此情況，幕府派遣當時的外國奉行水野忠德前往當地，宣布小笠原諸島為日本領地，重新啟動開墾事業。最後直到明治 9 年（1876 年），才確立小笠原諸島歸屬日本。倘若幕府末期的使節團沒有在美國取得《日本遠征記》，小笠原諸島可能就有截然不同的未來。

伊藤老師短評

在日本家喻戶曉的美國人，除了職業摔跤手斯坦‧漢森以外，能夠與之齊名的，就是這位鼎鼎大名的馬修‧派里。儘管派里被譽為「海軍的蒸汽船之父」，軍階卻是上校，但其實上校已經是當時海軍最高的位階。派里身高超過 190 公分，身為使節，卻態度強硬，比起人稱「不沉艦」的漢森，他的威勢，或許有過之無不及。

---

38 幕府末期，江戶幕府官職名稱，負責外交事宜。安政 5 年，因《日美修好通商條約》正式簽署而設立。

大君之都

たいくんのみやこ

幕府與英國公使的
談判紀錄

作 拉塞福・阿禮國	年 文久 3 年（1863 年）
數 2 卷	分 回憶錄

概要 駐日期間與幕府交涉的來龍去脈

　　拉塞福・阿禮國（Rutherford Alcock）為第 1 任駐日英國總領事，後來擔任特命全權公使，於安政 6 年到文久 2 年（1859 年到 1862 年）期間派駐在日本。阿禮國回國後，於文久 3 年（1863 年）在英國出版著作《大君之都》。他在這本回憶錄中，記述自己與幕府之間的各種談判過程。

　　阿禮國在書中亦談及自己參訪橫濱、蝦夷地的箱館（今北海道函館市）等地的風景，以及當地居民的人文風情，所以該書頗有幕府末期外國人到日本旅行的遊記風韻。

背景 因駐華的成果而贏得駐日機會

　　日本從寬永 16 年（1639 年）開始，維持了 210 多年的鎖國，直到嘉永 6 年（1853 年），才隨著美國派里艦隊的到來而終止。

　　幕府與美國簽訂《日美和親條約》（1854 年）及《日美修好

富士山
阿禮國
日本
阿禮國
品川

通商條約》（1858 年），亦與英國、俄羅斯、荷蘭、法國簽訂相同的條約。其中，通商條約又稱《安政五國條約[39]》，開放箱館、長崎、神奈川（後來的橫濱）、兵庫（後來的神戶）、新潟等港口，並確立江戶和大阪兩城市對外開放。

1858 年 12 月，阿禮國受維多利亞女王任命為駐日總領事，於翌年 6 月抵達日本。此前，他在中國（清朝）上海和廣東擔任領事，憑藉實務經驗，以及對東亞的了解，受到提拔。

關注 第 1 位登上富士山的外國人

阿禮國升任總領事後，第 1 項工作是批准《日英修好通商條

---

39 又稱《安政條約》或《五國通商條約》。

約》，並預計於 7 月在位於東禪寺（位在今東京都港區高輪）的臨時領事館交換批准書。

然而，幕府準備的文件不完整，因此交換程序並不順利。日本剛成為國際社會的一員，失誤在所難免，阿禮國對此表示理解，但幕府的應對卻始終不得要領。對此情況，《大君之都》中記述：「身為外交代表，這裡的外交生活，就是永無止境的對抗那些不斷付出但實際上只會使條約無效的努力。」

此外，當時在江戶地區，攘夷派志士攻擊外國人的恐怖攻擊事件相當頻繁。文久元年（1861 年）7 月，英國公使館所在的東禪寺，也遭受水戶脫藩浪士的襲擊。幕府的治安措施遠遠無法應付這些恐攻事件，導致阿禮國愈來愈無法信任幕府。

但在另一方面，阿禮國對日本的自然風景與普通百姓則抱有好感。當時橫濱因作為外國人居留地，發展迅速。阿禮國參訪橫濱時，還特地走訪市區外圍的鄉村地帶，對眼前的景致讚不絕口：「這是何等幸福的土地！美麗的國家！」

有時，阿禮國也會遠行。萬延元年（1860 年）9 月，他成為第 1 個登上富士山的外國人。抵達山頂後，他舉起英國國旗，與同行友人開香檳舉杯慶祝。

回程中，阿禮國投宿熱海，卻遭逢了不幸的悲劇。阿禮國來日本時，把飼養的蘇格蘭梗犬——托比也一同帶來了日本。不料托比竟在此次旅行中，被熱海七湯之一的大湯間歇泉的蒸氣燙傷而死。儘管如此，阿禮國在《大君之都》中，依舊對當地區民厚葬愛犬的溫情表達無限感激。托比的墳墓至今仍備受熱海居民的守護，展現熱海與阿禮國之間深厚的淵源。

阿禮國非常了解日本，知識淵博。把這些資訊傳回英國本土，

是他著述《大君之都》的目的之一。書中以赤穗浪士突襲吉良宅邸為例，探討日本人的死生觀和思想觀念。本書或許也能列為比較文化研究的參考書目。

影響 在英國掀起日本熱潮

儘管阿禮國之後在談判中始終維持強硬的態度，但在幕府要求延後開放兵庫、新潟等港口，以及江戶、大阪等城市時，他做出了讓步，並提議派遣使節團向歐州各國回報此事。

於是，1862 年 1 月，由外國奉行竹內保德擔任正使的遣歐使節團從品川出發，阿禮國也趁休假，離開日本，返回英國。

阿禮國回國後，不僅寫書出版了《大君之都》，更在同一年的倫敦萬國博覽會上展出日本陶器和刀劍，致力推廣日本文化。

19 世紀中葉以後，歐州掀起一股日本風潮，稱為日本主義（Japonism，法文為 Japonisme）。這股風潮的開端，主要起因於輸出到歐洲的浮世繪等藝術品，不過在英國，阿禮國帶回的日本陶器，也引起了相當大的關注。英國的日本主義，可說是由阿禮國一手推動。

Chapter 3 從安土桃山時代到明治時代

伊藤老師短評

當我第 1 次看到阿禮國的名字的片假名時，心中還想「全廚師 [40]」是誰？豈料竟是那位代表英國，與日本人第 1 次正式接觸的重量級人物。據說當時富士登山隊伍陣仗浩大，多達上百人，就不知被蒸氣燙死的愛犬托比，是否也有跟隨主人征服富士山頂。願托比安息（合十）。

---

40 阿禮國的名字 Alcock，日文片假名為「オールコック」，作者可能誤以為是「オール＋コック」也就是 All cook，而有此誤解。

大日本史

だいにほんし

間接導致幕府崩壞的
史書

作 德川光圀	年 明治 39 年（1906 年）
數 397 卷	分 歷史書籍

概要 記述神武天皇到後小松天皇的事蹟

　　眾所周知，時代劇《水戶黃門》的原型人物，是源自江戶時代前期至中期，第 2 代水戶藩主德川光圀。人們最熟悉的人物形象，是光圀在劇中帶著隨從，周遊列國，懲治欺壓百姓的惡官。

　　然而，上述情節純屬虛構。真正的光圀，從未離開過關東，遑論周遊日本全國。光圀自 18 歲起，便著手編修後來命名為《大日本史》的史書。他派遣學者到全國各地蒐集資料，後世的講談作者，遂將此等光景比擬為光圀自己周遊的旅程。

　　《大日本史》並未如正史《日本書紀》一樣，採用依照時間順序記述歷史事件的編年體，而是按人物整理個人功績的紀傳體史書，且全文以漢文撰寫。

　　《大日本史》所述內容，起於第 1 代神武天皇，終於南北朝時代後小松天皇。《大日本史》的卷數組成包括「本紀」73 卷，敘述歷代天皇事蹟；「列傳」170 卷，記載皇后、家臣等相關人物傳記；

①將神功皇后視為皇后

②承認大友皇子即位

③以南朝為正統

德川光圀

「志」126 卷，講解當時律法制度；「表」28 卷，記述年表；以及
目錄 5 卷。

 背景 **西漢《史記》啟迪了光圀的人生志向**

在電視劇《水戶黃門》中，光圀被塑造成慈祥老翁，但據紀錄
顯示，他年輕時性格暴戾，甚至曾經在街頭砍人。

據說他的性情轉變，是在 18 歲時，閱讀古代西漢史書《史記》，
深受啟發，從此以撰寫史書為志。

明曆 3 年（1657 年），光圀於駒込（東京都豐島區駒込）藩
邸設置修史館，後來稱**彰考館**，並派遣館員到全國各地蒐集文物資

料。修史館員主要為學習朱子學的儒學家。朱子學起源於中國，持「尊王斥霸」的立場，認為德高望重的君王，優於以武治國的霸者。天皇乃日本德行最為高尚之人，因此《大日本史》帶有濃厚的尊王色彩。

關注 光圀主張南朝正統論

《大日本史》有以下三大特色，通稱**三大特筆**。

第一，將**神功皇后名列后妃**。在傳說中，神功皇后為第 14 代天皇仲哀天皇的妃子，以征伐朝鮮半島三韓而聞名。據說仲哀天皇駕崩後，由神功皇后代理天皇職位長達 69 年，掌管內政、外交、軍事，直到其子應神天皇繼承皇位。在《日本書紀》中將之視為與天皇同等地位，但光圀認為神功皇后充其量就是一國之后。

第二，**承認大友皇子即位**。大友皇子為飛鳥時代的皇室成員，與叔父大海人皇子（後來的天武天皇）爭奪皇位，在壬申之亂中戰敗身亡。明治 3 年（1870 年），明治天皇追諡為「弘文天皇」。關於大友皇子是否實際登基皇位，至今仍有爭議，總之《大日本史》的立場是「曾經即位」。

第三，**以南朝為正統**。南北朝時代，即如字面上的意思，皇室分裂為南朝與北朝。1392 年，在室町幕府第 3 代將軍足利義滿主導下，由北朝吸收南朝，達成統一。當時象徵皇位繼承證據的三神器，由南朝大覺寺統的後龜山天皇掌管，因此光圀認為南朝方為正統朝代。

光圀還替效忠後醍醐天皇建立南朝的忠臣楠木正成設立墓碑，以茲紀念。在《大日本史》編修過程中形成的「水戶學」，成為人們尊崇天皇的思想基礎。

影響 水戶藩成為尊王攘夷的大總部

光圀畢生致力編纂《大日本史》，但尚未親眼見證其完成，便於元祿 13 年（1701 年）離世，後續的修史作業，由歷代藩主與德川家親屬接續進行，直到日俄戰爭後的明治 39 年（1906 年），才大功告成。

光圀雖為南朝正統派，但他並未否定北朝持明院統或代表武家政權的幕府，採取所謂「尊王敬幕」的立場。然而，後期的水戶學派，出現「尊王攘夷」思想，鄙斥幕府傾向對外開放（開國）的政策。「尊王攘夷」意指「尊勤天皇，排斥外夷（外國）」，幕府末期的水戶藩主德川齊昭（第 15 代將軍德川慶喜的生父）也是尊王攘夷論的支持者。

安政 7 年（1860 年），開國派的大老井伊直弼，在櫻田門外之變遭水戶浪士殺害，從此尊王攘夷思想席捲日本。

光圀身為德川家康的孫子，他的思想竟間接造成江戶幕府瓦解，這是何等諷刺。

伊藤老師短評

德川光圀聘請從明朝流亡到長崎的學者朱舜水到彰考館，教授編修《大日本史》時的注意事項。據說，那時朱舜水還傳授了中華風味的麵食，因此光圀被稱為是「第 1 個品嘗拉麵的日本人」。他吃麵的時候，大概沒料到自己的後代子孫，會拚命的在幕府這艘大船上鑿洞，一起同歸於盡。

德川十五代史

とくがわじゅうごだいし

發行於明治時代的江戶時代史

作 內藤恥叟	年 明治 26 年（1893 年）
數 12 卷	分 歷史書籍

概要 原水戶藩士撰寫的江戶時代通史

《德川十五代史》為江戶時代通史，由原水戶藩士**內藤恥叟**（恥音同恥）寫於明治時代。

恥叟在幕府末期進入藩校弘道館就讀，師從會澤正志齋和藤田東湖等人，學習後期水戶學。恥叟後來擔任藩主德川齊昭七男慶喜少時的學習夥伴，慶喜便是日後的第 15 代將軍。維新後，恥叟在帝國大學（今東京大學）任職文科教授，卸任後發行本書。

背景 記載 15 名將軍事蹟

《德川十五代史》如其書名，以編年體形式記述第 1 代將軍德川家康到第 15 代將軍慶喜等 15 名將軍的生平事蹟。

影響 可視為《德川實紀》的簡易版

《德川十五代史》以江戶幕府的官方史書《德川實紀》為基礎

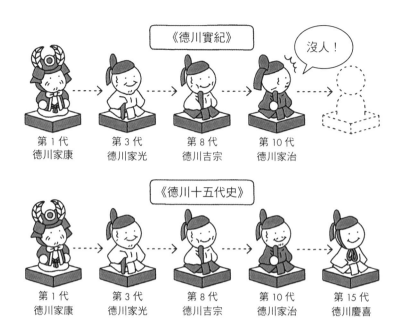

資料，因此其內容本身的可信度很高。然而，也正因為如此，一般認為其內容未能超越《德川實紀》，在學術研究上，不太受人關注。

不過，相較於總數超過 500 卷的《德川實記》，《德川十五代史》只有 12 卷，讀起來相對容易。現代人只要有心，一定能挑戰閱讀整套。

伊藤老師短評

　《德川十五代史》可說是《德川實紀》的精華版，寫作的年代也較接近現代，在「史書」中，算是比較通俗易懂的作品。學術上的研究價值或許不高，但總歸一句，「不讀不成書」，讀了就是好書。本書也考慮到這一點，所以在編寫時，力求通俗好讀。

日本奧地紀行

にほんおくちきこう

英國女性描繪明治初期的
日本遊記

作 伊莎貝拉‧博兒	年 明治 13 年（1880 年）
數 2 卷	分 遊記

概要 探索「日本的未開發地」

19 世紀，47 歲的英國女性伊莎貝拉‧博兒（Isabella Bird），在明治 11 年（1878 年）5 月至 12 月環遊日本各地，《日本奧地紀行》便是根據當時的旅行紀錄編纂而成的遊記。

原英文書名為「Unbeaten Tracks in Japan」，直譯意思是「日本的未開發地」。如同「未開發」一詞所表示，博兒走訪了只有當地人會前往的偏遠地區，對北海道愛奴人的諸多著墨，更是本書一大特色。

背景 英國對日本的關注與日俱增

天保 2 年（1831 年），博兒出生於英國約克夏，為家中長女，父親為一名牧師。博兒從小體弱多病，據說她曾經在美國和加拿大療養過一段時間。

她將自己的經驗寫成回憶錄出版，成為當時少有的女性旅行作

愛奴人的生活

日光東照宮

伊莎貝拉‧博兒

橫濱

北海道

伊莎貝拉‧博兒

家，後來於 1878 年 5 月來到日本。

　　博兒之所以選擇日本作為旅行目的地，主要是因為曾經在日本生活的西方各國官員和技術師的報告，提高了英國人對日本的興趣。

　　此外，博兒在決定目的地時，曾詢問自然科學家查爾斯‧達爾文（Charles Darwin）的意見。達爾文提倡生物進化論，並以《物種起源》一書聞名。達爾文曾在著作中提及愛奴人，推測博兒可能是在達爾文的建議下，將北海道排入旅行計畫中。

關注　詳細調查愛奴人的生活

　　《日本奧地紀行》的本文，從抵達橫濱港開始。博兒透過英國

駐日公使帕克斯爵士（Sir Harry Parkes）取得通行證，並聘請 20 歲的伊藤鶴吉擔任翻譯兼隨從，開啟在日本的旅程。

她當初的目的地，是位於北海道南部的平取，因為平取有愛奴人的聚集村落。不過，博兒選擇沿著日本海岸的路徑北上，而非交通網絡相對發達的太平洋沿岸，全因為她強烈希望可以「踏尋未開發地」。

在日本所到之處的景色，讓博兒大開眼界，留下深刻的印象。書中特別強調城鎮景觀和自然風光之美，關於日光東照宮，她寫道：「社殿之美，打破西方藝術所有規範，讓人為之著迷」；遊覽山形縣南部以溫泉地聞名的米澤盆地（置賜地方）時，博兒更將此地讚譽為「伊甸園」、「東方的阿卡迪亞[41]」。

但同時，博兒也目睹了備受衝擊的一幕。從日光前往新潟的途中，他們在某個荒涼貧瘠的村莊落腳。博兒在書中沉痛的寫道：「這個地方非常窮困，房屋破舊不堪。孩子們不僅渾身污垢，還患有嚴重的皮膚病。當地婦女從事燒碳工作，繁重的勞動和濃煙，把每個人燻得烏煙瘴氣，神情憔悴，體態瘦弱。」

8 月 23 日，一行人終於抵達目的地。博兒在首長潘琉克（Penriuku Hiramura）家中留宿 3 天，不僅詳細記錄愛奴人的外貌、裝飾品、服裝、住家建築，還包括自然信仰、婚姻與離異、禮儀儀式等。

在描述愛奴人的外貌時，博兒特地與日本人進行比對，如此記述：「看慣了日本人的黃皮膚、僵固的髮型、鬆弛的眼瞼、細長的眼睛、扁平的鼻子、凹陷的胸膛、瘦弱的體格，以及走路的模樣後，再細看愛奴人，粗壯的體格，強而有力的臂膀，讓他們顯得凶猛無比，足以做出任何殘酷的行為。但與之交談，他們總是露出和婦女

---

41 Arkadia，意指世外桃源。

一樣溫柔的笑容，熱情又開朗。」

在明治初期，尚無愛奴人的調查紀錄。由此可知，博兒在此方面的貢獻，對日後愛奴人的研究是何等重要。

影響 被省略的關西旅行紀錄

結束一系列的調查後，博兒從函館經海路返回東京，但她的日本之旅並未就此結束。10 月以後，博兒前往西日本，參訪伊勢神宮及京都等地。然而，博兒的關西之行，日本人知之甚少，其背後的原因如下。

博兒返回英國後，於 1880 年出版《Unbeaten Tracks in Japan》，由於廣受好評，因此 5 年後又出版了一本精華版，僅刊載東京到北海道的旅行紀錄。至於在日本，昭和 48 年（1973 年）出版了高梨健吉翻譯的日文譯本，但這本日文譯本實際上是翻譯自 1885 年（明治 18 年）刊行的精華版。

直到平成 14 年（2002 年），精華版中省略的關西之行才終於發行日文譯本，距英國發行初版，已經時隔 120 多年。平成 24 年（2012 年），金坂清則的注釋全譯本問世，現在我們可以更全面的了解博兒日本行的全貌。

伊藤老師短評

相信許多人是透過漫畫《博兒的東瀛紀行》（KADOKAWA 出版）認識伊莎貝拉・博兒。作為一名紀行作家、探險家、攝影師、自然主義者，「博兒夫人」自由勇敢的生活方式，持續影響著全世界的女性。繼日本之後，她還前往朝鮮旅行，並著有《朝鮮紀行》。

「令制國」一覽表

根據大寶律令的制定，日本各地改以「國」
（舊國）為單位進行劃分，稱為「令制國」（律
令國），一直沿用到廢藩置縣。

舊國名	都道府縣	舊國名	都道府縣	舊國名	都道府縣
❶蝦夷地	北海道※	⓯信濃	長野縣	㉙伊勢	三重縣
❷陸奧	青森縣 岩手縣 宮城縣 福島縣	⓰伊豆	靜岡縣	㉚伊賀	
		⓱駿河		㉛志摩	
		⓲遠江		㉜紀伊	和歌山縣
❸出羽	秋田縣 山形縣	⓳三河	愛知縣	㉝大和	奈良縣
		⓴尾張		㉞山城	京都府
❹越後	新潟縣	㉑美濃	岐阜縣	㉟丹後	
❺佐渡		㉒飛驒		㊱丹波	
❻上野	群馬縣	㉓越中	富山縣	㊲但馬	兵庫縣
❼下野	栃木縣	㉔能登	石川縣	㊳淡路	
❽常陸	茨城縣	㉕加賀		㊴播磨	
❾下總		㉖越前	福井縣	㊵攝津	大阪府
❿上總	千葉縣	㉗若狹		㊶和泉	
⓫安房		㉘近江	滋賀縣	㊷河內	
⓬武藏	埼玉縣 東京都				
⓭相模	神奈川縣				
⓮甲斐	山梨縣				

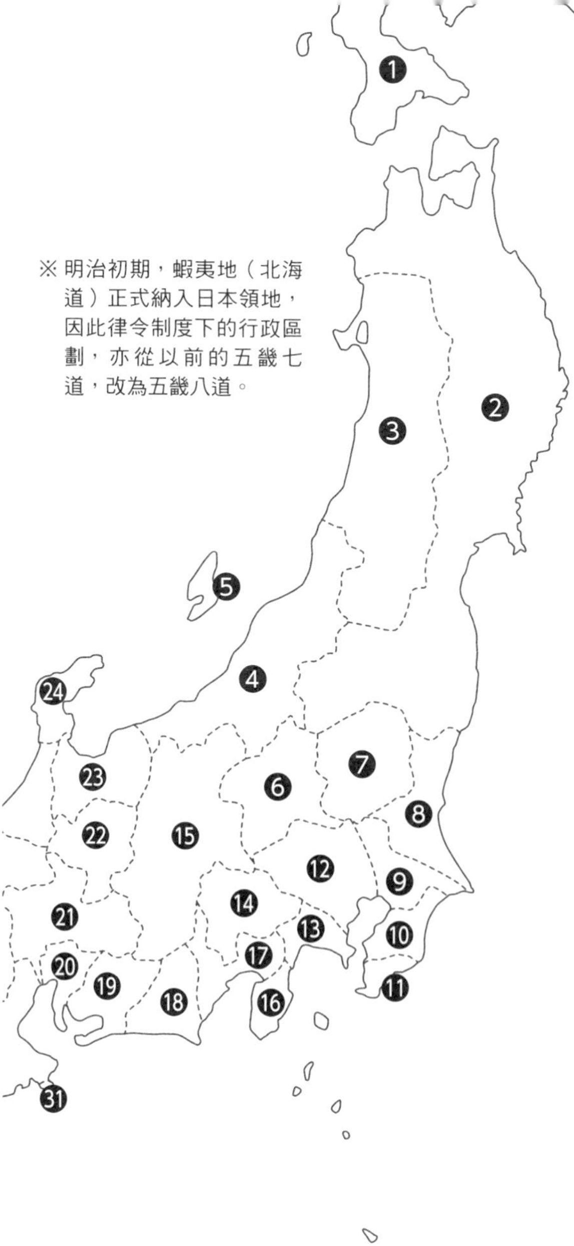

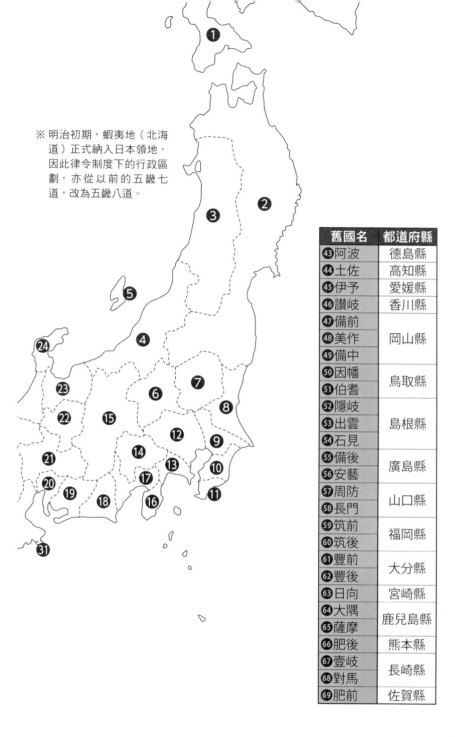

※ 明治初期，蝦夷地（北海道）正式納入日本領地，因此律令制度下的行政區劃，亦從以前的五畿七道，改為五畿八道。

舊國名	都道府縣
(43)阿波	德島縣
(44)土佐	高知縣
(45)伊予	愛媛縣
(46)讃岐	香川縣
(47)備前	岡山縣
(48)美作	
(49)備中	
(50)因幡	鳥取縣
(51)伯耆	
(52)隱岐	島根縣
(53)出雲	
(54)石見	
(55)備後	廣島縣
(56)安藝	
(57)周防	山口縣
(58)長門	
(59)筑前	福岡縣
(60)筑後	
(61)豐前	大分縣
(62)豐後	
(63)日向	宮崎縣
(64)大隅	鹿兒島縣
(65)薩摩	
(66)肥後	熊本縣
(67)壹岐	長崎縣
(68)對馬	
(69)肥前	佐賀縣

主要參考文獻

五味文彦・吉田伸之・鳥海靖・笹山晴生 著《詳説日本史史料集》（山川出版社）

山本博文 著《日本史の一級史料》（光文社）

久保田淳 著《日本文学の古典 50 選》（KADOKAWA）

下山忍・會田康範 編《もういちど読む山川 日本史史料》（山川出版社）

松本直樹 著《神話で読みとく古代日本──古事記・日本書紀・風土記》（筑摩書房）

栄原永遠男 著《正倉院文書入門》（KADOKAWA）

桑原博史 監修《万葉集・古今集・新古今集（新明解古典シリーズ 1）》（三省堂）

坂口由美子 編《伊勢物語 ビギナーズ・クラシックス 日本の古典》（KADOKAWA）

清少納言 著、角川書店 編《枕草子 ビギナーズ・クラシックス 日本の古典》
（KADOKAWA）

三田村雅子 著《源氏物語──物語空間を読む》（筑摩書房）

田中史生 著《渡来人と帰化人》（KADOKAWA）

吉海直人 著《源氏物語入門》（KADOKAWA）

源信 著、川崎庸之・秋山虔・土田直鎮 譯《往生要集 全現代語訳》（講談社）

武田友宏 編『大鏡 ビギナーズ・クラシックス 日本の古典》KADOKAWA）

角川書店 編《今昔物語集 ビギナーズ・クラシックス 日本の古典》（KADOKAWA）

角川書店 編《平家物語 ビギナーズ・クラシックス 日本の古典》（KADOKAWA）

大隅和雄 著《愚管抄を読む──中世日本の歴史観──》（平凡社）

鴨長明 著、浅見和彦 校訂／譯《方丈記》（筑摩書房）

五味文彦・本郷和人 編《現代語訳 吾妻鏡 1》（吉川弘文館）

永井晋 著《鎌倉幕府の転換点「吾妻鏡」を読みなおす》（吉川弘文館）

マルコ・ポーロ 著、長澤和俊 譯／解説《東方見聞録》（KADOKAWA）

吉田兼好 著、角川書店 編《徒然草 ビギナーズ・クラシックス 日本の古典》
（KADOKAWA）

今谷明 著《現代語訳 神皇正統記》（KADOKAWA）

松尾剛次 著《太平記──鎮魂と救済の史書──》（中央公論新社）

山崎正和 著《太平記──南北朝動乱の人間模様を読む──》（世界文化社）

黒川真道 編《梅松論 明徳記 応永記 永享記》（集文館）

志村有弘 譯《現代語訳 応仁記》（筑摩書房）

与謝野鉄幹・正宗敦夫・与謝野晶子 著《覆刻日本古典全集 6 オンデマンド版 節用
集－易林本－》（現代思潮新社）

川崎桃太 著《フロイスの見た戦国日本》（中央公論新社）

和田裕弘 著《信長公記──戦国覇者の一級史料》（中央公論新社）

小和田哲男 著《甲陽軍鑑入門》（KADOKAWA）

大久保彦左衛門 著、小林賢章 譯《現代語訳 三河物語》（筑摩書房）

家永三郎・古島敏雄 著《日本思想大系 62 近世科学思想 上》（岩波書店）

揖斐高 著《江戸幕府と儒学者——林羅山・鵞峰・鳳岡三代の闘い——》（中央公論新社）

松永義弘 解説／譯《葉隠 改訂新版》（ニュートンプレス）

小池喜明 著《葉隠——武士と「奉公」——》（講談社）

田原嗣郎・守本順一郎 著《日本思想大系 32 山鹿素行》（岩波書店）

横井清 譯《新井白石「読史余論」現代語訳》（講談社）

鳴海風 著《江戸の天才数学者》（新潮社）

神野志隆光 著《本居宣長「古事記伝」を読む I～IV》（講談社）

石田梅岩 著、城島明彦 譯《石田梅岩「都鄙問答」》（致知出版社）

石川謙 著《石田梅岩と「都鄙問答」》（岩波書店）

石渡博明 著《安藤昌益の世界——独創的思想はいかに生れたか——》（草思社）

安藤昌益 著、安永寿延 校注《稿本 自然真営道—大序・法世物語・良演哲論—》（平凡社）

頼山陽 著、頼成一・頼惟勤 譯《日本外史 上・中・下》（岩波書店）

頼山陽 著、長尾剛 譯《日本外史——幕末のベストセラーを「超」現代語訳で読む——》（PHP 研究所）

鈴木牧之 著、岡田武松 監修《北越雪譜》（岩波書店）

徳盛誠 著《海保青陵——江戸の自由を生きた儒者》（朝日新聞出版）

菅田正昭 著《複眼の神道家たち》（八幡書店）

家永三郎 著《日本思想大系 44 本多利明 海保青陵》（岩波書店）

菅江真澄 著、内田武志・宮本常一 編譯《菅江真澄遊覧記 1～5》（平凡社）

シーボルト 著、大場秀章 監修／解説《シーボルト日本植物誌》（筑摩書房）

緒方富雄など 著《シーボルト「日本」の研究と解説》（講談社）

西田太一郎 編《日本の思想 17 藤原惺窩・中江藤樹・熊沢蕃山・山崎闇斎・山鹿素行・山県大弐集》（筑摩書房）

大石学・佐藤宏之・小宮山敏和・野口朋隆 編《現代語訳徳川実紀 家康公伝 1～5》（吉川弘文館）

オフィス宮崎 編譯《ペリー艦隊 日本遠征記 上・下》（万来舎）

小島敦夫 著《ペリー提督 海洋人の肖像》（講談社）

オールコック 著、山口光朔 譯《大君の都——幕末日本滞在記——上・中・下》（岩波書店）

佐野真由子 著《オールコックの江戸——初代英国公使が見た幕末日本——》（中央公論新社）

イザベラ・バード 著、金坂清則 譯注《完訳 日本奥地紀行 1～4》（平凡社）

其他的參考資料包括「日本國立國會圖書館數位典藏」、「文化遺產資料庫」及各地方自治體的官方網站等。

索引

七劃

八劃

九劃

十劃

十一劃

十四劃

十五劃

二十劃

二十一劃

二十二劃

二十五劃

索引

超譯日本經典圖鑑
精選 66 本最具代表性典籍，快速掌握日本歷史和文化
深読みしたい人のための　超訳　歴史書図鑑

作　　　者	伊藤賀一（監修）
譯　　　者	林姿呈
插　　　畫	MORNING GARDEN INC.（玉井麻由子）
封 面 設 計	比比司設計工作室
內 頁 排 版	簡至成
特 約 編 輯	張瑋珍
行 銷 企 畫	蕭浩仰、江紫涓
行 銷 統 籌	駱漢琦
業 務 發 行	邱紹溢
營 運 顧 問	郭其彬
責 任 編 輯	賴靜儀
總 編 輯	李亞南
出　　　版	漫遊者文化事業股份有限公司
地　　　址	台北市103大同區重慶北路二段88號2樓之6
電　　　話	(02) 2715-2022
傳　　　真	(02) 2715-2021
服 務 信 箱	service@azothbooks.com
網 路 書 店	www.azothbooks.com
臉　　　書	www.facebook.com/azothbooks.read
發　　　行	大雁出版基地
地　　　址	新北市231新店區北新路三段207-3號5樓
電　　　話	(02)8913-1005
傳　　　真	(02)8913-1056
劃 撥 帳 號	50022001
戶　　　名	漫遊者文化事業股份有限公司
初 版 一 刷	2024年3月
定　　　價	台幣450元

ISBN　978-986-489-905-0

國家圖書館出版品預行編目 (CIP) 資料

超譯日本經典圖鑑：精選66本最具代表性典籍, 快速掌握日本歷史和文化 / 伊藤賀一監修；林姿呈譯. -- 初版. -- 臺北市：漫遊者文化事業股份有限公司出版；臺北市：大雁出版基地發行, 2024.03
272 面；14.8 × 21 公分
譯自：深読みしたい人のための 超訳 歴史書図鑑
ISBN 978-986-489-905-0(平裝)

1.CST: 日本史 2.CST: 文化史

731　　　　　　　　　　　　　　113001353

"FUKAYOMI SHITAI HITONO TAMENO CHOYAKU REKISHISHO ZUKAN" supervised by Gaichi Ito
Copyright © Gaichi Ito, 2023
All rights reserved.
First published in Japan by KANKI PUBLISHING INC., Tokyo.
This Traditional Chinese edition is published by arrangement with KANKI PUBLISHING INC., Tokyo in care of Tuttle-Mori Agency, Inc., Tokyo through Future View Technology Ltd., Taipei.

漫遊，一種新的路上觀察學
www.azothbooks.com

漫遊者文化

大人的素養課，通往自由學習之路
www.ontheroad.today

遍路文化‧線上課程